国家社会科学基金（教育学）重大项目（VDA200004）阶段性研究成果

北京外国语大学"双一流"建设标志性项目（BW202018）阶段性研究成果

"一带一路"国家文化教育大系　　　　　　　总主编　王定华

马达加斯加
文化教育研究

La République de Madagascar
Culture et Éducation

崔璨　著

外语教学与研究出版社
FOREIGN LANGUAGE TEACHING AND RESEARCH PRESS
北京 BEIJING

图书在版编目（CIP）数据

马达加斯加文化教育研究／崔璨著. —— 北京：外语教学与研究出版社，2022.10
（2023.10 重印）
（"一带一路"国家文化教育大系／王定华总主编）
ISBN 978-7-5213-3956-7

Ⅰ. ①马⋯ Ⅱ. ①崔⋯ Ⅲ. ①教育研究 – 马达加斯加 Ⅳ. ①G548.2

中国版本图书馆 CIP 数据核字（2022）第 172098 号

出 版 人　王　芳
项目负责　孙凤兰　巢小倩
责任编辑　华宝宁
责任校对　孙凤兰
装帧设计　李　高
出版发行　外语教学与研究出版社
社　　址　北京市西三环北路 19 号（100089）
网　　址　https://www.fltrp.com
印　　刷　北京盛通印刷股份有限公司
开　　本　787×1092　1/16
印　　张　15　　彩插 1 印张
版　　次　2022 年 10 月第 1 版 2023 年 10 月第 3 次印刷
书　　号　ISBN 978-7-5213-3956-7
定　　价　120.00 元

如有图书采购需求，图书内容或印刷装订等问题，侵权、盗版书籍等线索，请拨打以下电话或关注官方服务号：
客服电话：400 898 7008
官方服务号：微信搜索并关注公众号"外研社官方服务号"
外研社购书网址：https://fltrp.tmall.com

物料号：339560001

"一带一路"国家文化教育大系编写委员会

顾　问：顾明远　　马克垚　　胡文仲

总主编：王定华

委　员（按姓氏音序排列）：

常福良	戴桂菊	郭小凌	金利民	柯　静	李洪峰
刘宝存	刘　捷	刘生全	刘欣路	钱乘旦	秦惠民
苏莹莹	陶家俊	王　芳	谢维和	徐　辉	徐建中
杨慧林	张民选	赵　刚			

"一带一路"国家文化教育大系编审委员会

主　任：王　芳

副主任：徐建中　　刘　捷

秘书长：孙凤兰

委　员（按姓氏音序排列）：

蔡　喆	柴方圆	巢小倩	杜晓沫	华宝宁	焦缨添
刘相东	刘真福	马庆洲	彭立帆	石筠弢	孙　慧
万作芳	王名扬	杨鲁新	姚希瑞	苑大勇	张小玉
赵　雪	祝　军				

塔那那利佛城市一角

马苏阿拉国家公园

田野小屋俯瞰

变色龙

狐猴

猴面包树大道

马达加斯加独木舟赛事

马达加斯加演唱者

马达加斯加小镇

马达加斯加幼儿园的小朋友

菲纳法国中学校园

塔那那利佛中学操场

菲纳大学旅游管理学院

马哈赞加大学一角

马哈赞加大学图书馆

塔那那利佛大学周边风景

汉语专业毕业生在孔子学院前合影

孔院学生在中国驻马达加斯加大使馆新春招待会上表演新疆舞

出版说明

2013 年 9 月 7 日，国家主席习近平提出共建"丝绸之路经济带"重大倡议。2013 年 10 月 3 日，习近平主席提出共建"21 世纪海上丝绸之路"重大倡议。两者合称"一带一路"倡议。以 2013 年金秋为起点，"一带一路"倡议作为构建人类命运共同体的伟大设想，在开拓和平、繁荣、开放、绿色、创新、文明之路的非凡征程中，孕育生机和活力，汇聚信心和期待，在世界范围内广受欢迎和响应。

文化交流、文明互鉴是构建人类命运共同体的人文基础。文化发展，教育先行。作为"共和国外交官的摇篮"、文化教育的主动践行者、"一带一路"倡议的踊跃响应者和构建人类命运共同体的积极参与者，北京外国语大学在党委书记王定华教授的带领下，放眼世界，找准坐标，勇于担当，主动作为，深耕文化教育相关领域，研究、策划并组织编写了"一带一路"国家文化教育大系（以下简称大系）。国内相关高校和研究机构的众多专家学者献计献策，踊跃参加，形成了一个范围广泛、交流互动、共同进步的"一带一路"国家文化教育学术研究共同体。大系旨在填补国内相关研究领域的学术空白，实现"一带一路"国家教育研究全覆盖，为中国教育"走出去"和相关国家先进教育理念"请进来"提供科学理论和实践指导，具有重要的学术价值。同时，大系服务国家重大战略，通过分期分批出版，形成规模和品牌，向中国共产党建党一百周年和"一带一路"倡议提出十周年献礼，具有深远的意义。

作为国家社会科学基金（教育学）重大项目"新时代提升中国参与全球教育治理的能力及策略研究"、北京外国语大学"双一流"建设标志性项目"'一带一路'国家文化教育研究"的课题研究成果和北京外国语大学党委的"奋进之举"，大系秉承学术性与可读性兼顾的原则，对"一带一路"国家文化教育理论与实践问题展开深入研究，从国情概览、文化传统、教育历史、学前教育、基础教育、高等教育、职业教育、成人教育、教师教育、教育政策、教育行政、教育交流等方面，全景擘画"一带一路"国家的教育风貌，帮助读者了解"一带一路"国家教育的历史与现状、经验与特点，为我国教育的发展和对外交流合作提供有益的借鉴、思考与启迪。

肆虐全球的新冠肺炎疫情严重影响了各国人民的生产生活，带来了二战以来人类面临的最严重的全球性危机，同时也再次阐述了人类命运共同体深刻内涵的世界性意义。在疫情防控常态化背景下，大系所有专家学者不畏困难，齐心协力，直面挑战，守望相助，化危为机，切实履行了响应和支持"一带一路"倡议的承诺。在此，特别感谢大系总策划、总主编王定华教授，以及所有顾问、编委和作者的心血倾注、智慧贡献和努力付出。

外语教学与研究出版社对大系的编写和出版工作给予了高度重视。自2019年项目启动以来，外研社抽调精锐力量成立大系工作组，多次组织相关部门和人员召开选题论证会，商建编委会，召开全体作者大会，制订周密、科学的出版计划，以保证项目的顺利开展和图书的优质出版。目前，大系的出版工作已取得阶段性成果，预计在2023年"一带一路"倡议提出十周年之前，将分期分批推出数量和规模可观的、具有相当科研价值和学术价值的系列专著。期望大系的编写和出版能为"一带一路"建设、中外教育交流及我国文化教育发展发挥基础性、服务性、广远性的作用。

外语教学与研究出版社
2021 年 4 月

总　序

王定华

改革开放以来，中国各项事业取得了巨大成就。中国经济和世界经济高度关联，中国一以贯之地坚持对外开放的基本国策，构建全方位开放新格局，深度融入世界经济体系。2013 年 9 月和 10 月，习近平主席在出访中亚和东南亚国家期间，先后提出共建"丝绸之路经济带"和"21 世纪海上丝绸之路"的重大倡议（以下简称"一带一路"倡议），得到国际社会的高度关注。其中，"丝绸之路经济带"东边牵着亚太经济圈，西边系着发达的欧洲经济圈，是世界上最长、最具发展潜力的经济大走廊；"21 世纪海上丝绸之路"串起连通东盟、南亚、西亚、北非、欧洲等各大经济板块的市场链，发展面向南海、太平洋和印度洋的战略合作经济带，以亚欧非经济贸易一体化为发展的长期目标。

一、精准把握"一带一路"倡议的时代意蕴

"经济带"概念是对地区经济合作模式的创新。其中经济走廊涵盖中蒙

俄经济走廊、新亚欧大陆桥、中国–中亚–西亚经济走廊、孟中印缅经济走廊、中国–中南半岛经济走廊等，以经济增长极辐射周边，超越了传统发展经济学理论。"丝绸之路经济带"概念不同于历史上所出现的各类"经济区"与"经济联盟"，同后两者相比，经济带具有灵活性高、适用性广以及可操作性强的特点，各国都是平等的参与者，本着自愿参与、协同推进的原则，发扬古丝绸之路兼容并包的精神。

"一带一路"倡议是我国在新时代推进全方位对外开放的重要举措，为当今世界提供了一个充满东方智慧、实现共同发展的中国方案，也是对历史文化传统的高度尊重，凝聚了世界各国利益的最大公约数。丝绸之路是起始于古代中国，连接亚洲、非洲和欧洲的古代陆上商业贸易路线，最初的作用是运输古代中国出产的丝绸、瓷器等商品，后来成为东方与西方之间在经济、政治、文化等方面进行交流的主要通道。1877 年，德国地质、地理学家李希霍芬（F. P. W. Richthofen）在其著作《中国》一书中，把公元前 114 年至公元 127 年，中国与中亚、中国与印度间以丝绸贸易为媒介的这条西域交通道路命名为"丝绸之路"，这一名词很快为学术界和大众所接受，并正式运用。其后，德国历史学家赫尔曼（A. Herrmann）在 20 世纪初出版的《中国与叙利亚之间的古代丝绸之路》一书中，根据新发现的文物考古资料，进一步把丝绸之路延伸到地中海西岸和小亚细亚，并确定了丝绸之路的基本内涵，即它是中国古代与中亚、南亚、西亚以及欧洲、北非的陆上贸易交往通道。进入 21 世纪，海上丝绸之路也被纳入丝绸之路的涵盖范围，即从中国沿海港口过南海到印度洋并延伸至欧洲，从中国沿海港口过南海到南太平洋。随着时代的发展，"丝绸之路"成为古代中国与西方所有政治经济文化往来通道的统称。

推进"一带一路"建设既是中国扩大和深化对外开放的需要，也是加强和世界各国互利合作的需要，中国愿意承担更多责任和义务，为人类和平发展做出更大的贡献。文明交流互鉴是构建人类命运共同体的重要途径，是推动人类文明共同进步、实现世界和平发展的重要动力。共建"一带一路"要顺应世界多极化、经济全球化、文化多样化、社会信息化的潮流，秉持开放的区域合作精神，致力于推动"一带一路"各国实现经济政策协调，开展更大范围、更高水平、更深层次的区域合作，共同打造开放、包容、均衡、普惠的区域经济合作架构，维护全球自由贸易体系和开放型世界经济格局。

"一带一路"贯穿亚欧非大陆，一头是活跃的东亚经济圈，一头是发达的欧洲经济圈，中间广大腹地国家经济发展潜力巨大。根据"一带一路"走向，陆上依托国际大通道，以中心城市为支撑，以重点经贸产业园区为合作平台，共同打造新亚欧大陆桥以及中蒙俄、中国-中亚-西亚、中国-中南半岛等国际经济合作走廊；海上以重点港口为基点，共同建设通畅安全高效的运输大通道。

"一带一路"建设是有关国家开放合作的宏大经济愿景，需要各国携手努力，朝着互利互惠、共同安全的目标相向而行：努力实现区域基础设施更加完善，安全高效的陆海空通道网络基本形成，互联互通达到新水平；投资贸易便利化水平进一步提升，高标准自由贸易区网络基本形成，经济联系更加紧密，政治互信更加深入；人文交流更加广泛深入，不同文明互鉴共荣，各国人民相知相交、和平友好。

"一带一路"倡议是具有开放性和包容性的友好建议。当今世界是一个开放的世界，开放带来进步，封闭导致落后。中国认为，只有开放才能发现机遇、抓住并用好机遇、主动创造机遇，才能实现国家的奋斗目标。"一带一路"倡议就是要把世界的机遇转变为中国的机遇，把中国的机遇转变为世界的机遇。正是基于这种认知与愿景，"一带一路"倡议以开放为导向，冀望通过加强交通、能源和网络等基础设施的互联互通建设，促进经济要素有序自由流动、资源高效配置和市场深度融合，开展更大范围、更高水平、更深层次的区域合作，打造开放、包容、均衡、普惠的区域经济合作架构，以此来解决经济增长和平衡问题。"一带一路"倡议的开放包容性是区别于其他区域性经济倡议的一个突出特点。

"一带一路"倡议是超越地缘政治的务实合作的广阔平台。"和平合作、开放包容、互学互鉴、互利共赢"的丝路精神是人类共有的历史财富，"一带一路"倡议就是秉承这一精神与原则提出的新时代重要倡议，通过加强相关国家间的全方位多层面交流合作，充分发掘与发挥各国的发展潜力与比较优势，形成互利共赢的区域利益共同体、命运共同体和责任共同体。在这一机制中，各国是平等的参与者、贡献者、受益者。因此，"一带一路"倡议从一开始就具有平等性、和平性特征。平等是中国坚持的重要国际准则，也是"一带一路"建设的关键基础。只有建立在平等基础上的合作才能是持久的合作，也才会是互利的合作。"一带一路"倡议平等包容的合作特征为其推进减轻了阻力，提升了共建效率，有助于国际合作真正"落地生根"。同时，"一带一路"建设离不开和平安宁的国际环境和地区环境，和平是"一带一路"建设的本质属性，也是保障其顺利推进所不可或缺的重要因素。这些就决定了"一带一路"倡议不应该也不可能沦为大国政治较量的工具，更不会重复地缘博弈的老路。

"一带一路"倡议是政府、企业、团体共同发力的项目载体。"一带一路"建设是在双边或多边联动基础上通过具体项目加以推进的，是在进行充分政策沟通、战略对接以及市场运作后形成的发展倡议与规划。2017年5月发布的《"一带一路"国际合作高峰论坛圆桌峰会联合公报》强调了建设"一带一路"的合作原则，其中就包括市场运作原则，即充分认识市场作用和企业主体地位，确保政府发挥适当作用，政府采购程序应开放、透明、非歧视。可见，"一带一路"建设的核心主体与支撑力量并不是政府，而是企业，根本方法是遵循市场规律，并通过市场化运作模式来实现参与各方的利益诉求，政府在其中发挥构建平台、创立机制、政策引导等指向性、服务性功能。

"一带一路"倡议是与现有相关机制对接互补的有益渠道。参与"一带一路"建设的国家要素禀赋各异，比较优势差异明显，互补性很强。有的国家能源资源富集但开发力度不够，有的国家劳动力充裕但就业岗位不足，有的国家市场空间广阔但产业基础薄弱，有的国家基础设施建设需求旺盛但资金紧缺。我国目前经济总量居全球第二，外汇储备居全球第一，优势产业越来越多，基础设施建设经验丰富，装备制造能力强、质量好、性价比高，具备资金、技术、人才、管理等综合优势。这就为我国与其他"一带一路"建设参与方实现产业对接与优势互补提供了现实可能与重大机遇。因而，"一带一路"倡议的核心内容就是要加强基础设施建设和促进互联互通，对接各国政策和发展战略，以便深化务实合作，促进协调联动发展，实现共同繁荣。由此可见，"一带一路"倡议不是对现有地区合作机制的替代，而是与现有机制互为助力、相互补充。实际上，"一带一路"建设已经与俄罗斯主导的欧亚经济联盟、印尼全球海洋支点发展规划、哈萨克斯坦光明之路经济发展战略、蒙古国草原之路倡议、欧盟欧洲投资计划、埃及苏伊士运河走廊开发计划等实现了对接与合作，并形成了一批标志性项目，如中哈（连云港）物流合作基地。作为新亚欧大陆桥经济走廊建设成果之一，中哈（连云港）物流合作基地初步实现了深水大港、远洋干线、中欧班列、物流场站的无缝对接。该项目与哈萨克斯坦光明之路经济发展战略高度契合。

"一带一路"倡议是促进人文交流的沟通桥梁。"一带一路"倡议跨越不同区域、不同文化、不同宗教信仰，但它带来的不是文明冲突，而是各文明间的交流互鉴。"一带一路"倡议在推进基础设施建设、加强产能合作与发展战略对接的同时，也将"民心相通"作为工作重心之一。民心相通是"一带一路"建设的社会根基。民心相通就是要传承和弘扬丝绸之路友好合作精神，广泛进行文化交流、学术交流、人才交流往来、媒体合作、青年和妇女交往、志愿者服务等，为深化双边和多边合作奠定坚实的民意基础。一是扩大相互间留学生规模，开展合作办学；国家间互办文化年、艺术节、电影节、电视周和图书展等活动，深化国家间人才交流合作。二是加强旅游合作，扩大旅游规模，联合打造具有丝绸之路特色的国际精品旅游线路和旅游产品。三是强化与周边国家在传染病疫情信息沟通、防治技术交流、专业人才培养等方面的合作，提高合作处理突发公共卫生事件的能力。四是加强科技合作，共建联合实验室（研究中心）、国际技术转移中心、海上合作中心，促进科技人员交流，合作开展重大科技攻关，共同提升科技创新能力。五是整合现有资源，开拓和推进参与国家在青年就业、创业培训、职业技能开发、社会保障管理服务、公共行政管理等共同关心领域的务实合作。六是充分发挥政党、议会交往的桥梁作用，加强国家之间立法机构、主要党派和政治组织的友好往来，互结友好城市。七是加强各国民间组织的交流合作，重点面向基层民众，广泛开展教育、医疗、减贫开发、生物多样性和生态环保等主题的各类公益慈善活动，改善贫困地区生产生活条件；加强文化传媒领域的国际交流合作，积极利用网络平台，运用新媒体工具，塑造和谐友好的文化生态和舆论环境；通过强化民心相通，弘扬丝绸之路精神，开展智力丝绸之路、健康丝绸之路等建设，在科学、教育、文化、卫生、民间交往等领域广泛合作，使"一带一路"建设的民意基础更为坚实，社会根基更加牢固。"一带一路"建设就是要以文明交流超越文明隔阂，以文明互鉴超越文明冲突，以文明共存超越文明优越，为相关国家人民加强交流、增进理解搭起新的桥梁，为不同文化和文明加强对话、交流互鉴织就新的纽带，推动各国相互理解、相互尊重、相互信任。

"一带一路"是促进共同发展、实现共同繁荣的友谊之路。共建"一带一路"旨在促进各国发展战略的对接和耦合，有利于发掘区域市场的潜力，推动经济要素有序自由流动、资源高效配置和市场深度融合，促进投资和消费，创造需求和就业，增进各国人民的人文交流与文明互鉴，从而让各国人民相逢相知、互信互敬，共享和谐、安宁、富裕的生活。共建"一带一路"符合国际社会的根本利益，彰显了人类社会的共同理想和美好追求，是国际合作及全球治理新模式的积极探索，将为世界和平发展增添新的正能量。中国政府倡议秉持和平合作、开放包容、互学互鉴、互利共赢的理念，全方位推进务实合作，打造政治互信、经济融合、文化包容的利益共同体、命运共同体和责任共同体。

"一带一路"倡议已经得到世界上众多国家和地区的积极响应，成为维护全球自由贸易体系和开放型世界经济的重要支撑。截至 2021 年 1 月 30 日，中国已经同 171 个国家和国际组织签署 205 份共建"一带一路"合作文件。[1] 特别是 2017 年 5 月第一届"一带一路"国际合作高峰论坛、2019 年 4 月第二届"一带一路"国际合作高峰论坛和 2019 年 5 月亚洲文明对话大会的成功举办，充分彰显了我国开放、包容的大国外交风范。在此背景下，我们一方面应致力于向世界介绍中国，推动中国文化"走出去"，讲好中国故事；另一方面也应加强对"一带一路"国家的历史、文化、语言、教育、艺术等方面的介绍和研究，让中国人民更多地了解"一带一路"国家的具体国情，特别是文化传统和教育体系。

"一带一路"倡议合作范围不断扩大，合作领域愈加广阔。它不仅给参与各方带来了实实在在的合作红利，也为世界贡献了应对挑战、创造机遇、强化信心的智慧与力量。

当今世界，新冠肺炎疫情带来诸多挑战，局部战争风险依然存在，经济增长动能不足，"逆全球化"思潮涌动，地区动荡持续，恐怖主义蔓延。和平赤字、发展赤字、治理赤字带来的严峻问题，已摆在全人类面前。这充分说明现有的全球治理体系面临结构性问题，亟须找到新的破解之策与应对方略。作为一个新兴大国，中国有能力、有意愿同时也有责任为完善全球治理体系贡献智慧与力量。面对新挑战、新问题、新情况，中国给出

---

[1] 中国一带一路网. 我国已签署共建"一带一路"合作文件 205 份 [EB/OL]. （2021-01-30）[2021-02-23]. https://www.yidaiyilu.gov.cn/xwzx/gnxw/163241.htm.

的全球治理方案是：构建人类命运共同体，实现共赢共享。"一带一路"倡议正是朝着这个目标努力的具体实践。"一带一路"倡议强调各国的平等参与、包容普惠，主张携手应对世界经济面临的挑战，开创发展新机遇，谋求发展新动力，拓展发展新空间，共同朝着人类命运共同体方向迈进。正是本着这样的原则与理念，"一带一路"倡议针对各国发展的现实问题和治理体系的短板，创立了亚洲基础设施投资银行、丝路基金等新型国际机制，构建了多形式、多渠道的交流合作平台。这既能缓解当今全球治理机制代表性、有效性、及时性难以适应现实需求的困境，在一定程度上扭转公共产品供应不足的局面，提振国际社会参与全球治理的士气与信心，又能满足发展中国家尤其是新兴市场国家变革全球治理机制的现实要求，大大增强了新兴国家和发展中国家的话语权，是推进全球治理体系朝着更加公正合理方向发展的重大突破。

"一带一路"倡议涵盖了发展中国家与发达国家，实现了"南南合作"与"南北合作"的统一，有助于推动全球均衡可持续发展。"一带一路"建设以基础设施建设为着眼点，促进经济要素有序自由流动，推动中国与相关国家的宏观政策的对接与协调。对于参与"一带一路"建设的发展中国家来说，这是一次搭中国经济发展"快车""便车"，实现自身工业化、现代化的历史性机遇，有利于推动"南南合作"的广泛展开，同时也有助于增进"南北对话"，促进"南北合作"的深度发展。不仅如此，"一带一路"倡议的理念和方向同联合国《2030年可持续发展议程》也高度契合，完全能够加强对接，实现相互促进。联合国秘书长古特雷斯表示，"一带一路"倡议与《2030年可持续发展议程》都以可持续发展为目标，都试图提供机会、全球公共产品和双赢合作，都致力于深化国家和区域间的联系。

二、深入推动"一带一路"国家的教育交流

2020 年 6 月印发的《教育部等八部门关于加快和扩大新时代教育对外开放的意见》指出，教育对外开放是教育现代化的鲜明特征和重要推动力，要以习近平新时代中国特色社会主义思想为指导，坚持教育对外开放不动摇，主动加强同世界各国的互鉴、互容、互通，形成更全方位、更宽领域、更多层次、更加主动的教育对外开放局面。

教育为国家富强、民族繁荣、人民幸福之本，在共建"一带一路"中具有基础性和先导性作用。教育交流为各国民心相通架设桥梁，人才培养为各国政策沟通、设施联通、贸易畅通、资金融通提供支撑。各国间教育交流源远流长，教育合作前景广阔，大家携手发展教育，合力共建"一带一路"，是造福各国人民的伟大事业。推进"一带一路"国家教育共同繁荣，既是加强与各国教育互利合作的需要，也是推进中国教育改革发展的需要，中国愿意在力所能及的范围内承担更多责任和义务，为区域教育大发展做出更大的贡献。

（一）教育合作的原则

"一带一路"国家教育合作应遵循四个重要原则。

一是育人为本，人文先行。加强合作育人，提高区域人口素质，为共建"一带一路"提供人才支撑。坚持人文交流先行，建立区域人文交流机制，搭建民心相通桥梁。

二是政府引导，民间主体。政府加强沟通协调，整合多种资源，引导教育融合发展。发挥学校、企业及其他社会力量的主体作用，活跃教育合作局面，丰富教育交流内涵。

三是共商共建，开放合作。坚持共商、共建、共享，推进各国教育发

展规划相互衔接，实现各国教育融通发展、互动发展。

四是和谐包容，互利共赢。加强不同文明之间的对话，寻求教育发展最佳契合点和教育合作最大公约数，促进各国在教育领域互利互惠。

（二）教育合作的重点

"一带一路"各国教育特色鲜明、资源丰富、互补性强、合作空间巨大。中国将以基础性、支撑性、引领性三方面举措为建议框架，开展三方面重点合作，对接各国意愿，互鉴先进教育经验，共享优质教育资源，全面推动各国教育提速发展。

1. 开展教育互联互通合作

一是加强教育政策沟通。开展"一带一路"国家教育法律、政策协同研究，构建各国教育政策信息交流通报机制，为各国政府推进教育政策互通提供决策建议，为各国学校和社会力量开展教育合作交流提供政策咨询。积极签署双边、多边和次区域教育合作框架协议，制定各国教育合作交流国际公约，逐步疏通教育合作交流政策性瓶颈，实现学分互认、学位互授联授，协力推进教育共同体建设。

二是助力教育合作渠道畅通。推进"一带一路"国家间签证便利化，扩大教育领域合作交流，形成往来频繁、合作众多、交流活跃、关系密切的携手发展局面。鼓励有合作基础、相同研究课题和发展目标的学校缔结姊妹关系，逐步深化和拓展教育合作交流。举办校长论坛，推进学校间开展多层次、多领域的务实合作。支持高等学校依托优势学科和专业，建立"产学研用"相结合的国际合作联合实验室（研究中心）、国际技术转移中心，共同应对各国在经济发展、资源利用、生态保护等方面面临的重大挑战与机遇。打造"一带一路"国家学术交流平台，吸引各国专家学者、青年学生开展研究和学术交流。推进"一带一路"国家优质教育资源共享。

三是促进语言互通。研究构建语言互通协调机制，共同开发语言互通开放课程，逐步将国家语言课程纳入各国的学校教育课程体系。拓展政府间语言学习交换项目，联合培养、相互培养高层次语言人才。发挥外国语院校人才培养优势，推进基础教育多语种师资队伍建设和外语教育教学工作。扩大语言学习国家公派留学人员规模，倡导各国与中国院校合作在华开办本国语言专业。支持更多社会力量助力孔子学院和孔子课堂建设，加强汉语教师和汉语教学志愿者队伍建设，全力满足不同国家的汉语学习需求。

四是推进民心相通。鼓励学者开展或合作开展中国课题研究，增进各国对中国发展模式、国家政策、教育文化等各方面的理解。建设国别和区域研究基地，与对象国合作开展经济、政治、教育、文化等领域研究。逐步将理解教育课程、丝路文化遗产保护纳入各国中小学教育课程体系，加强青少年对不同国家文化的理解。加强"丝绸之路"青少年交流，注重通过志愿服务、文化体验、体育竞赛、创新创业活动和新媒体社交等途径，增进不同国家青少年对其他国家文化的理解。

五是推动学历学位认证标准联通。推动落实联合国教科文组织《亚太地区承认高等教育资历公约》，支持联合国教科文组织建立世界范围学历互认机制，实现区域内双边、多边学历学位关联互认。呼吁各国完善教育质量保障体系和认证机制，加快推进本国教育资历框架开发，助力各国学习者在不同种类和不同阶段教育之间进行转换，促进终身学习社会的建设。共商、共建区域性职业教育资历框架，逐步实现就业市场的从业标准一体化。探索建立各国教师专业发展标准，促进教师流动。

2．开展人才培养培训合作

一是实施"丝绸之路"留学推进计划。设立"丝绸之路"中国政府奖学金，为各国专项培养行业领军人才和优秀技能人才。全面提升来华留学人才培养质量，把中国打造成为深受各国学子欢迎的留学目的地。以国家公派留学为引领，推动更多中国学生到"一带一路"其他国家留学。坚持"出国留学和来华留学并重、公费留学和自费留学并重、扩大规模和提高质量并重、依法管理和完善服务并重、人才培养和发挥作用并重"，完善全链条的留学人员管理服务体系，保障平安留学、健康留学、成功留学。

二是实施"丝绸之路"合作办学推进计划。有条件的中国高等学校开展境外办学要集中优势学科，选好合作契合点，做好前期论证工作，构建科学的人才培养模式、运行管理模式、服务当地模式、公共关系模式，使学校顺利落地生根、开花结果。发挥政府引领、行业主导作用，促进高等学校、职业院校与行业企业深度产教融合。鼓励中国优质职业教育配合高铁、电信运营等行业企业"走出去"，探索开展多种形式的境外合作办学，合作设立职业院校、培训中心，合作开发教学资源和项目，开展多层次职业教育和培训，培养当地急需的各类"一带一路"建设者。整合资源，积极推进与各国在青年就业培训等共同关心领域的务实合作。倡议国家之间开展高水平合作办学。

三是实施"丝绸之路"师资培训推进计划。开展"丝绸之路"教师培训，加强先进教育经验交流，提升区域教育质量。加强"丝绸之路"教师交流，推动各国校长交流访问、教师及管理人员交流研修，推进优质教育模式在各国的互学互鉴。大力推进各国优质教学仪器设备、教材课件和整体教学解决方案的输出，跟进教师培训工作，促进各国教育资源和教学水平均衡发展。

四是实施"丝绸之路"人才联合培养推进计划。推进国家间的研修访学活动。鼓励各国高等院校在语言、交通运输、建筑、医学、能源、环境工程、水利工程、生物科学、海洋科学、生态保护、文化遗产保护等国家发展急需的专业领域联合培养学生，推动联盟内或校际教育资源共享。

3．共建丝路合作机制

一是加强"丝绸之路"人文交流高层磋商。开展国家间的双边、多边人文交流高层磋商，商定"一带一路"教育合作交流总体布局，协调推动各国建立教育双边和多边合作机制、教育质量保障协作机制和跨境教育市场监管协作机制，统筹推进"一带一路"教育共同行动。

二是充分发挥国际合作平台作用。发挥上海合作组织、东亚峰会、亚太经合组织、亚欧会议、亚洲相互协作与信任措施会议、中阿合作论坛、东南亚教育部长组织、中非合作论坛、中巴经济走廊、孟中印缅经济走廊、中蒙俄经济走廊等现有双边、多边合作机制的作用，增加教育合作的新内涵。借助联合国教科文组织等国际组织力量，推动各国围绕实现世界教育发展目标形成协作机制。充分利用中国–东盟教育交流周、中日韩大学交流合作促进委员会、中阿大学校长论坛、中非高校20+20合作计划、中日大学校长论坛、中韩大学校长论坛、中俄综合性大学联盟等已有平台，开展务实的教育合作交流。支持在共同区域、有合作基础、具备相同专业背景的学校组建联盟，不断延展教育务实合作平台。

三是实施"丝绸之路"教育援助计划。发挥教育援助在"一带一路"教育共同行动中的重要作用，逐步加大教育援助力度，重点投资于人、援助于人、惠及于人。发挥教育援助在"南南合作"中的重要作用，加大对相关国家尤其是最不发达国家的支持力度。统筹利用国家、教育系统和民间资源，为相关国家培养培训教师、学者和各类技能人才。积极开展优质教学仪器设备、整体教学方案、配套师资培训一体化援助。加强中国教育培训中心和教育援外基地建设。倡议各国建立政府引导、社会参与的多元化经费筹措机制，通过国家资助、社会融资、民间捐赠等渠道，拓宽教育经费来源，做大教育援助格局，实现教育共同发展。

三、精心组织"一带一路"国家文化教育大系的编著出版

在编写"一带一路"国家文化教育大系过程中，应当全面了解国内外对"一带一路"倡议的响应情况，关注进展，总结做法；应当在新冠肺炎疫情得到控制后到对象国去走一走，看一看，实地感受其教育情况和发展变化；应当广泛收集对象国一手资料，认真阅读，消化分析，吐故纳新；应当多方检索专家学者已经开展的相关研究，虚心参阅已有的研究成果。肆虐全球的新冠肺炎疫情，给人类身体健康和生命安全带来了巨大威胁，对世界格局和世界治理体系产生了重大影响，给全球各行各业带来了巨大挑战。教育置身其间，影响十分明显。因而，对"一带一路"国家文化教育进行研究时，必须观察分析疫情对相关国家文化教育和全球教育治理的深刻影响。

"一带一路"倡议提出后，中外已形成多个"一带一路"多边大学联盟。2015 年 5 月 22 日，由西安交通大学发起的新丝绸之路大学联盟成立，迄今已吸引 38 个国家和地区的 150 余所大学加盟。该联盟是海内外大学结成的非政府、非营利性的开放性、国际化高等教育合作平台，以"共建教育合作平台，推进区域开放发展"为主题，推动"新丝绸之路经济带"国家和地区大学之间在校际交流、人才培养、科研合作、文化沟通、政策研究、医疗服务等方面的交流与合作，增进青少年之间的了解和友谊，培养具有国际视野的高素质、复合型人才，服务"新丝绸之路经济带"及欧亚地区的发展建设。

2015 年 10 月 17 日，丝绸之路（敦煌）国际文化博览会筹委会文化传承创新高端学术研讨会在敦煌举行。中国的复旦大学、北京师范大学、兰州大

学和俄罗斯乌拉尔国立经济大学、韩国釜庆大学等 46 所中外高校在甘肃敦煌成立了"一带一路"高校战略联盟，以探索跨国培养与跨境流动的人才培养新机制，培养具有国际视野的高素质人才。46 所高校当日达成《敦煌共识》，联合建设"一带一路"高校国际联盟智库。联盟将共同打造"一带一路"高等教育共同体，推动"一带一路"国家和地区大学之间在教育、科技、文化等领域的全面交流与合作，服务"一带一路"国家和地区的经济社会发展。

2016 年 9 月，中国、中亚及丝绸之路经济带沿线 7 个国家的 51 所高校共同发起成立了中国–中亚国家大学联盟，旨在打造开放性、国际化互动平台，深化"一带一路"科教合作。

此外，高等教育合作研讨会也日渐增多，既有官方推动形成的研讨会，也有民间自发举办的研讨会。比如，中外大学校长论坛、新加坡–中国–印度高等教育论坛、"一带一路"教育对话论坛，以及北京师范大学举办的"一带一路"国家教育交流与合作高端研讨会，北京外国语大学举办的"一带一路"与行业国际化人才培养高峰论坛，北京理工大学主办的"一带一路"高等教育研究国际会议，浙江大学举办的"一带一路"背景下的工程科技人才培养国际研讨会等。这些多边研讨会的召开，不仅吸引了大量"一带一路"沿线国家的教育研究者与实践者参会，推动了研究与实践合作，而且创新了教育合作模式，促进了国际化高端人才培养，为"一带一路"建设奠定了民意基础。

"一带一路"倡议提出之后，中国学术界迅速开展了关于"一带一路"的研究活动，有关"一带一路"主题的图书主要有以下五类。第一类是倡议解读类图书，一般是梳理"一带一路"倡议的提出、发展及其理论内涵与外延。第二类是经济贸易类图书，专业性较强，主要为理论研究型图书。第三类是国情文史类图书，多为介绍"一带一路"国家国情概览、历史情况、发展概况的工具书，语言平实，部分图书学术性较强。第四类是丝路历史类图书，一般回顾古代丝绸之路的形成与发展、丝绸之路上的人物和大事记等，追古溯源，以便更好地开启"一带一路"新篇章。第五类是法律税收类图书，多为法律指引、税务规范手册等。

可以看出，国内对"一带一路"国家的研究已有一定基础，但是囿于语言翻译的障碍，已经出版的"一带一路"图书，大多是政策解读、数据报告、概况介绍等，对对象国的研究广度和深度还很不够，尤其是针对"一带一路"国家文化教育的系统研究还比较少。

在"一带一路"国家中，遴选具有代表性的对象，对其文化、教育进行系统性的研究，并在此基础上编写"一带一路"国家文化教育大系，分期分批出版，对于帮助中国普通读者和研究人员了解"一带一路"国家的文化教育情况，以及对于拓展我国比较教育研究领域、丰富比较教育研究文献，乃至对于促进中外文明互通、更好地参与推进"一带一路"建设，都具有重要意义。基于对选题背景与意义、相关出版产品调研和北京外国语大学比较优势的分析，"一带一路"国家文化教育大系坚持学术性、可读性兼顾原则，分批次推出，不断积累，以形成规模和品牌。

大系在内容上，一方面呈现"一带一路"国家的文化概貌，展示"一带一路"国家教育发展的文化背景和社会依托。大系采用专题形式，力求用简洁平实的语言生动活泼地介绍"一带一路"国家的自然地理、人文景观、历史发展、风土人情、文化遗产等内容，重点呈现对象国独有的文化现象和独特风貌，集中揭示其民族文化内涵、民族精神、人文意蕴。另一方面，大系重点研究、评价、介绍"一带一路"国家教育的基本情况、发展历史、发展战略、政策法规、现存体系、治理模式与师资队伍等，这方面内容占较大篇幅，是全书的重点和主要内容。

"一带一路"倡议正在成为我国参与全球开放合作、改善全球治理体系、促进全球共同发展繁荣、推动构建人类命运共同体的中国方案。作为国家社会科学基金（教育学）重大项目"新时代提升中国参与全球教育治理的能力及策略研究"的部分研究成果和北京外国语大学"双一流"建设重大标志性成果，"一带一路"国家文化教育大系计划在 2021 年中国共产党建党 100 周年和北京外国语大学建校 80 周年之际，推出首批图书。2023 年"一带一路"倡议提出 10 周年时，推出该项目二期成果。同时积极参与党和国家相关主题纪念活动，以及国家重大图书项目的申报评选工作。

北京外国语大学以外语见长，国际交往活跃，被誉为"共和国外交官的摇篮"，先后培养了 400 多位大使、2 000 多位参赞，以及更多的外交外事外贸工作者。凡是有五星红旗飘扬的地方，都能看到北外人的身影。北外不仅承担着培养各类国际化人才的任务，更担负着向中国介绍世界、向世界介绍中国的历史使命。迄今为止，北外已获批开设 101 种外国语言，成立了 37 个区域与国别研究中心，丰富的涉外资源正在助力"一带一路"国家的研究。

大系由外研社具体组织实施。外研社隶属北外，多年来致力于"一带一路"国家的合作交流，服务讲好"中国故事"，在中华思想文化传播、打造中外出版联盟、推动中外学术互译等方面积累了丰富经验，对于协助研究、编著、出版"一带一路"国家文化教育大系具有良好的工作基础。这也是北外及外研社的使命和担当之所在。

大系编著者以北外教师为主。服务国家重大战略，北外人责无旁贷。同时，国内有研究专长和研究意愿的专家学者也踊跃参与，他们或独自撰著一书，或与北外同仁合作。大系还邀请了驻外使领馆的同志和对象国的学者参加撰写或审稿，他们运用一手资料，开展实地调研，力图提升大系的准确性。

四、结语

"一带一路"倡议植根历史，更面向未来；源于中国，更属于世界。"一带一路"作为文明互鉴的桥梁，从亚欧大陆延伸到非洲、美洲、大洋洲，与世界各国发展战略及众多国际和地区组织的发展实现对接联通，在通路、通航的基础上更好地通商，进而开展文化教育交流与沟通，加强商品、资金、技术、文化、教育流通，达成互学互鉴的文明愿景。"一带一路"倡议的目标是中国与"一带一路"国家在互联互通基础上分享优质产能，共商项目投资，共建基础设施，共享合作成果，内容包括政策沟通、设施联通、贸易畅通、资金融通、民心相通"五通"。"一带一路"倡议肩负重大使命，它要探寻经济增长之道，将中国自身的产能优势、技术与资金优势、经验与模式优势转化为市场与合作优势，实行全方位开放，共享中国改革发展红利；它要实现全球化再平衡，鼓励向西开放，带动西部开发以及中亚、蒙古等内陆国家和地区的开发，在国际社会推行全球化的包容性发展理念，主动向西推广中国优质产能和比较优势产业，惠及沿途、沿岸国家，避免西方国家所开创的全球化造成的贫富差距和地区发展不平衡情况，推动建立持久和平、普遍安全、共同繁荣的和谐世界；它要开创地区新型合作，强调共商、共建、共享原则，超越了马歇尔计划和传统的对外援助活动，给21世纪的国际合作带来了新的理念。所以，新时代中国的教育学者应当将"一带一路"国家文化教育研究作为比较教育新的增长点，全面深入开展研究，以自己的聪明才智丰富学术，为国出力，服务国家重大发展战略；在加强与"一带一路"国家的交流合作中，推动"一带一路"建设高质量发展，努力建设高质量的中国教育体系，并积极参与全球教育治理体系改革，加快构建以国内大循环为主体、国际国内双循环相互促进的新发展格局。

2021 年春
于北京外国语大学

（王定华，北京外国语大学党委书记、博士、教授、博士生导师，国家督学。历任河南大学教师、中国驻纽约总领事馆教育领事、教育部基础教育一司司长、教育部教师工作司司长等。）

本书前言

马达加斯加位于非洲大陆以东，是一座美丽的海岛。有记载显示，宋朝期间曾有船只到达马达加斯加岛进行贸易往来，可见中马交往历史由来已久。在现代社会，马达加斯加与中国有广泛的合作空间。2010—2015年，中国在非洲的投资额增加了近两倍，达到350亿美元，其中对埃塞俄比亚、毛里求斯和马达加斯加的投资是增长最快的。中国已成为马达加斯加第一大贸易伙伴、第一大进口来源国和第四大出口目的地国。马达加斯加的矿产品、农渔产品远销中国，中国的手机、汽车、工程机械等产品畅销马达加斯加。在丰富多彩的国际合作领域，文化教育是其中不可或缺的一抹亮丽风景，始终发挥着基础性、先导性作用。2013年，习近平主席提出"一带一路"倡议，获得了众多国家的支持和响应。在这样的大背景下，本书希望通过聚焦文化与教育，比较全面而客观地介绍马达加斯加在教育领域的现实、机遇与挑战，进而思考一个国家的教育与社会发展之间的关系。

2021年9月8日，北京外国语大学非洲学院马达加斯加语本科专业举行开班仪式，北京外国语大学成为中国第一所也是唯一一所开设马达加斯加语专业并实现本科招生的高校。该创举有助于加强中马全面合作伙伴关系和中非友好关系。同年9月13日，中国驻马达加斯加使馆与马达加斯加国防部共同举办媒体发布会，宣布在马达加斯加国防部语言中心开设中文课程并将启动首期培训班。中国马达加斯加语本科专业的设置和马达加斯加国防部语言中心中文课程班的开设说明了中马双方对彼此的重视，这有助于双方进一步增进理解和深化友谊。

本书对马达加斯加教育的全面梳理可进一步充实国内的马达加斯加国别研究。对马达加斯加教育事业的观察将有助于国内读者进一步了解这个与非洲大陆隔海相望的岛国，助力中马双方在后续的教育合作过程中增强针对性、提高合作效率，让中马教育合作成为中非教育合作以及"一带一路"合作中璀璨的一部分。

本书包括出版说明、总序、本书前言、正文、结语、附录和参考文献。正文共十一章，分别从国情概览、文化传统、教育历史、各教育阶段（学前教育、基础教育、高等教育、职业教育、成人教育和教师教育）、教育行政和教育政策以及中马教育交流等角度对马达加斯加及其教育体制的发展和现状进行介绍和分析。

衷心感谢北京外国语大学党委书记、中国教育学会国际教育分会理事长、"一带一路"国家文化教育大系总主编王定华教授和外语教学与研究出版社有关编审人员提供的专业支持和指导。本书图片由中国驻马达加斯加大使馆、塔那那利佛大学孔子学院饶文华院长、江西师范大学马达加斯加研究中心陈丽娟副主任、北京外国语大学杜怡濛老师、清华大学熊星翰老师、flickr 网站摄影师 Thierry Andriamirado、Frank Vassen 和 Frontier official 提供，在此一并致谢。

由于作者水平有限，书中可能有疏漏之处，敬请各位同行、专家、读者批评指正。

崔璨

2022 年 9 月于国际关系学院

目　录

第一章 国情概览

马达加斯加共和国（马达加斯加语名为 Repoblikan'i Madagasikara，法语名为 La République de Madagascar，英语名为 The Republic of Madagascar）简称马达加斯加，位于非洲。四面环海，物产丰富，多民族人民一起生活在这里，积极地参与各类文化、体育和经济活动。

第一节 自然地理

一、地理位置

马达加斯加由马达加斯加岛及周围若干小岛组成，坐落于印度洋西部，非洲大陆以东，与非洲大陆隔莫桑比克海峡相望。总面积约为 59 万平方千米（包括周围岛屿），海岸线总长度约为 5 000 千米。[1] 马达加斯加地处印度洋西部和非洲东部航道的中心，地理位置非常重要，也是中非共建"一带一路"的纽带。马达加斯加属于东 3 区，比北京时间晚 5 小时。不执行夏令时。

---

[1] 中华人民共和国外交部. 马达加斯加国概况 [EB/OL]. （2020-10）[2021-02-23]. https://www.fmprc.gov.cn/web/gjhdq_676201/gj_676203/fz_677316/1206_678092/1206x0_678094/.

二、地形地貌

马达加斯加岛是非洲第一大岛屿、世界第四大岛屿，仅次于格陵兰岛、新几内亚岛和加丹加岛。全岛呈狭长形，南北部较窄、中部较宽，南北长约 1 577 千米，东西最宽处约 579 千米。[1] 岛屿中部为南北向的高原地带，高原东侧为带状低地，而西侧为平原地带。中部高原地带南北长约 1 160 千米，海拔约在 1 000—2 000 米，最宽处约为 380 千米，最高点位于北部的马鲁穆库特鲁山，海拔约 2 876 米。[2]

三、气候和水文

马达加斯加地形独特，各地区差异较大，气候差异也较为显著。马达加斯加岛地形以山地为主，南北走向的山脉阻挡了来自海洋的东南信风，因此岛屿东部为迎风坡，而岛屿西侧则处于背风侧，从而形成了东部地区的热带雨林气候以及西部地区的热带草原气候。岛屿东部终年湿热，年降水量达 2 000—3 800 毫米，年平均气温达 24℃，平均气温最低月份也常年高于 20℃。岛屿西部气候干燥少雨，年降水量仅为 600—1 000 毫米，年平均气温为 26.6℃。岛屿中部为热带高原气候，较为温和，年降水量适中，年平均气温约为 18℃。马达加斯加全年气候分为雨季和旱季，每年 4 月至 10 月为旱季，11 月至次年 3 月为雨季。[3]

马达加斯加岛的水文资源丰富，岛上河流大多发源于中部高原地区，

---

[1] 中华人民共和国驻马达加斯加共和国大使馆. 马达加斯加国家概况 [EB/OL].（2012-11-21）[2021-02-23]. http://mg.chineseembassy.org/chn/ljmg/t991479.htm.

[2] 王建. 马达加斯加 [M]. 北京：社会科学文献出版社，2011：3.

[3] 中华人民共和国外交部. 马达加斯加国概况 [EB/OL].（2020-10）[2021-02-23]. https://www.fmprc.gov.cn/web/gjhdq_676201/gj_676203/fz_677316/1206_678092/1206x0_678094/.

并分别流入印度洋和莫桑比克海峡。东部地区有马纳纳拉河、曼古鲁河等，河流相对较短且较为湍急；西部地区则主要包括贝齐布卡河、曼戈基河、马尼亚河、马哈瓦维河等，水流相对平缓。全岛最大的湖泊为阿劳特拉湖，面积约 900 平方千米。阿劳特拉湖周围还有约 6 300 平方千米的湿地，是野生动物的重要栖息场所。[1]

四、自然资源

马达加斯加全岛由火山岩构成，矿产资源品种丰富且储量较大。主要矿产包括石墨、铬铁、铝矾土、石英、云母、金、银、铜、镍、锰、铅、锌、煤等，其中石墨储量居非洲首位。此外，岛屿北部，尤其是东北部，盛产水晶、茶晶和芙蓉石；中部地区则以大理石为主；中南部和南部地区则多见祖母绿、红宝石、蓝宝石等价值较高的宝石。

从生物资源上看，作为一个岛国，马达加斯加动植物几乎是在与世隔绝的情况下进化而来的，和外界的交流极少，因此拥有世界上独特的生态系统。在 370 032 公顷的森林中生长着两千多种植物，其中 85% 是马达加斯加独有物种。马达加斯加最具有代表性的植物为猴面包树。猴面包树被马达加斯加人称为"森林之母"，是原生态的马达加斯加树种，直径可达 9 米，高度可达 30 米。世界范围内的猴面包树有 8 个不同种类，其中多数为马达加斯所独有的品种。位于穆龙达瓦的猴面包树大道是最受世界各地游客欢迎的马达加斯加景点之一。马达加斯加还拥有 129 种两栖类动物、89 种禽类以及 30 种其他哺乳类动物，[2] 其中最具代表性的物种是狐猴。马达加斯加周围的渔业资源非常丰富，常见类别有金枪鱼、龙虾、石斑鱼、鲷鱼、比目鱼、鳗鱼、鲛鱼等。

---

[1] 王建. 马达加斯加 [M]. 北京：社会科学文献出版社，2011：3.

[2] 资料来源于世界银行网站。

五、世界自然遗产

马达加斯加共有两处世界自然遗产：贝马拉哈的钦吉自然保护区和阿齐纳纳纳雨林。

贝马拉哈的钦吉自然保护区位于马达加斯加中部的西海岸地区，由喀斯特地貌和石灰岩丘陵组成，拥有独特的地理位置以及壮观的景色，包括青贝峰、尖岩林和马南布卢河河谷。1990 年，该保护区因其未遭到破坏的森林、湖泊以及濒临灭绝的珍稀狐猴和鸟类，被列入联合国教科文组织世界遗产名录。

阿齐纳纳纳雨林由分布在马达加斯加岛屿东北部的六个国家公园组成，面积达 479 661 公顷。这里生活的种群中有 80%—90% 属于当地特有物种，其中的 72 个物种被世界保护自然联盟列入《濒危物种红色名录》，[1] 因此该雨林于 2007 年 6 月 27 日在第三十一届世界遗产大会上被评选为世界自然遗产。[2]

人类活动规模的不断扩大威胁着马达加斯加动植物的多样性。世界组织和马达加斯加政府正通过制定政策、提高环境保护意识以及设立更多自然保护区等方式努力保护马达加斯加的生态环境。

第二节 国家制度

一、国家标志

马达加斯加国旗呈长方形，长宽之比为 3∶2。左侧为白色竖长方形，

---

[1] 资料来源于联合国教科文组织网站。

[2] 资料来源于联合国教科文组织网站。

右侧为上红下绿两个横长方形，三个长方形面积相等。国旗的三个颜色各有指代：白色象征纯洁，红色象征主权，绿色象征希望。

马达加斯加国徽为圆形，底色为黄色。国徽中间有一块白色区域，内部绘有马达加斯加岛的图案，周围多条直线呈放射状，象征着光芒。国徽底部为稻田，上方有牛头形状的图案，最下方为国家格言"国家、自由、发展"。国徽顶部为马达加斯加语的"马达加斯加"，并伴有旅人蕉枝叶图案。

马达加斯加国歌歌名为《啊，我们亲爱的祖国》，由佩斯多·拉哈杰森作词，诺伯特·拉哈里索亚谱曲。该歌曲自 1959 年起被定为国歌。

马达加斯加国树为旅人蕉，又名扇芭蕉，为常绿乔木状多年生草本植物。旅人蕉通常为直立状，不分枝，其树叶呈窄扇状，硕大奇异，状如芭蕉，左右排列。旅人蕉对称的形状类似一把打开的折扇。

马达加斯加国花为凤凰木，枝叶广布，不耐寒，通常高达 20 米。凤凰木原产于马达加斯加，现已引进至中国多个省份，如广东、广西、云南和海南等。

二、行政区划

马达加斯加全国行政区域划分为省、大区、县、乡镇和乡村，现设 6 个省、23 个大区、119 个县、1 695 个乡镇和 18 000 多个乡村。[1] 马达加斯加独立时，全国共分为 6 个省。2007 年，马达加斯加人民通过公投的方式决定取消省，并将其改为 22 个由中央政府直接管理的行政大区。但 2010 年通过的新宪法恢复原 6 个省的省级建制，同时保留大区设置。目前省一级政权机构仍未产生，大区实际行使一级行政区功能。2021 年总统令宣布将位

---

[1] 中华人民共和国商务部. 马达加斯加正式设立第 23 个大区 [EB/OL]. （2021-08-25）[2021-09-06]. http://mg. mofcom.gov.cn/article/jmxw/202108/20210803191616.shtml.

于东南海岸的原瓦托瓦维–菲图维纳尼大区拆分为瓦托瓦维大区和菲图维纳尼大区，因此大区数量升至 23 个。由于该政策较新，且大区拆分需要时间，本书中的部分统计数据仍采用 22 个大区的分法。表 1.1 为马达加斯加各大区及其首府名称。

表 1.1 马达加斯加大区及其首府名称 [1]

	大区	首府
1	阿纳拉曼加	塔那那利佛
2	瓦基南卡拉特拉	安齐拉贝
3	伊塔西	米亚里纳里武
4	邦古拉瓦	齐鲁阿努曼迪迪
5	上马齐亚特拉	菲亚纳兰楚阿
6	阿穆罗尼马尼亚	安布西特拉
7	瓦托瓦维	马南扎里
8	菲图维纳尼	马纳卡拉
9	伊胡龙贝	伊胡西
10	阿齐穆–阿齐纳纳纳	法拉凡加纳
11	阿齐纳纳纳	图阿马西纳
12	阿纳兰伊鲁富	费努阿里武–阿齐纳纳纳
13	阿拉奥特拉–曼古鲁	安巴通德拉扎卡
14	布埃尼	马哈赞加
15	索菲娅	安楚希希

[1] 中华人民共和国商务部. 马达加斯加各大区名称、面积及人口分布一览 [EB/OL]. （2021-04-08）[2021-09-06] http://mg.mofcom.gov.cn/article/jmxw/202104/20210403050555.shtml；李安强. 世界地图集 [M]. 2020 年修订. 北京：中国地图出版社. 2013：100-101.

	大区	首府
16	贝齐布卡	马埃瓦塔纳纳
17	梅拉基	迈因蒂拉努
18	阿齐穆-安德雷法纳	图利亚拉（图莱亚尔）
19	安德鲁伊	安布文贝
20	阿努西	陶拉尼亚鲁（多凡堡）
21	梅纳贝	穆龙达瓦
22	迪亚纳	安齐拉纳纳
23	萨瓦	桑巴瓦

阿纳拉曼加大区的塔那那利佛是马达加斯加的首都，也是国家的政治、经济和文化中心。马达加斯加的主要城市还包括图阿马西纳（又称塔马塔夫）、安齐拉贝、马哈赞加等。其中图阿马西纳位于马达加斯加东部，为全国第二大城市、第一大港口和主要海运枢纽。该城市被誉为国家的"经济之肺"，常住居民约为 55 万。安齐拉贝是全国第三大城市，位于首都以南约 167 千米，海拔约为 1 500 米，气候凉爽，人口数量约为 70 万。马哈赞加隔莫桑比克海峡与非洲大陆相望，是马达加斯加的第二大港口，与周边多个国家海港通航，地理位置非常重要。

三、宪法

马达加斯加现行宪法为 2010 年 11 月 17 日全民公投通过的《第四共和国宪法》。该宪法对《第三共和国宪法》的主要改动包括将总统最低任职年龄要求从 40 岁降至 35 岁，并将总统最高任期限制从三届改为两届。

四、国家机构

马达加斯加现行宪法规定，中央国家机构由总统、政府、国民议会、参议院、高等宪法法院组成。行政、立法和司法相互独立。

（一）总统和政府

马达加斯加国体为共和制。通过普选产生的总统是国家元首，国家总理由总统任命，并有权向总统推荐部长候选人。总统每届任期为五年，最多可连任两届。

政府是最高行政机构，具有行政权，包括总理和 27 位部长、3 位副部长、2 位国务秘书：国防部部长，外交部部长，掌玺、司法部部长，经济和财政部部长，内政和地方分权部部长，公共安全部部长，领土整治和土地管理部部长，国民教育部部长，高等教育和科研部部长，技术教育和职业培训部部长，手工业和工艺部部长，公共卫生部部长，公共工程部部长，农业和畜牧业部部长，渔业和蓝色经济部部长，能源和碳氢燃料部部长，水务和清洁部部长，矿业和战略资源部部长，旅游部部长，交通和气象部部长，劳动、就业、公职和社会法部部长，工业、商业和消费部部长，环境和可持续发展部部长，数字化发展、数字化转型、邮政和通信部部长，人口、社会保障和妇女发展部部长，青年和体育部部长，农业和畜牧业部负责畜牧业事务的副部长，环境和可持续发展部负责造林事务的副部长，青年和体育部负责青年事务的副部长，总统府负责新城和住房事务的国务秘书，国防部宪兵国务秘书等。

（二）议会

议会是马达加斯加共和国的最高立法机构。马达加斯加实行两院制，包括国民议会和参议院。国民议会共有 151 个席位，议员任期五年，通过普选产生。[1] 参议院议员共有 18 个席位，其中三分之一由总统直接任命，三分之二由地方选举产生，议员任期五年。宪法规定，总统有权力直接任命总理及解散议会。国民议会和参议院均须三分之二的多数支持方能中止总统权力。[2]

（三）司法体系

马达加斯加司法体系效仿法国，主要包括最高法院、最高司法法院和高等宪法法院。

最高法院包括终审法院、国务委员会和审计法院，负责人为首席院长和总检察长，由掌玺和司法部部长提名、总统确认。最高法院需要对国内司法、行政以及相关法律机构进行监督，以保证其正常运转。

最高司法法院由最高法院首席院长、2 名终审法庭庭长、2 名上诉法院院长、2 名国民议会议员、2 名参议员组成。该机构的职责为对包括总统、总理和政府组成人员在内的高级官员的相应违法犯罪行为进行裁决。

高等宪法法院由 9 名成员组成，任期 7 年，其中 3 名成员由总统任命（院长由总统任命），2 名由国民议会任命，2 名由参议院任命，2 名由最高司法委员会选举产生。高等宪法法院负责审核马达加斯加法律法规的合宪性，对选举中出现的争议事件进行司法解释，并对重要政治人物涉嫌违宪

---

[1] 资料来源于经济学人网站。

[2] 王建. 马达加斯加 [M]. 北京：社会科学文献出版社，2011：102.

等犯罪行为进行审判。[1]

此外，马达加斯加司法体系还包括负责民事和刑事案件的初审法院、普通和特别刑事法庭以及军事法庭等。

五、政治党派

马达加斯加共和国实行多党制，截至 2019 年 3 月共有 195 个政治党派。虽然马达加斯加政党数量较多，但是参与政治活动的却仅有一小部分，多数政党仅在法律意义上存在，并没有任何政治计划，也不参与选举。例如，2018 年总统选举中仅有 44 个党派参与，2019 年立法选举中也仅有 85 个党派代表参与。[2] 目前，马达加斯加影响力较大的政治派别包括马达加斯加青年准备着、争取变革民主共和人士联盟、我爱马达加斯加党以及马达加斯加新生力量党。

第三节 社会生活

一、人口、民族、语言和宗教

马达加斯加 2018 年的第三次全国人口普查显示，2018 年 5—6 月常住人口总数为 25 674 196 人，其中男性 12 658 945 人（49.3%），女性 13 015 251 人

---

[1] 王建. 马达加斯加 [M]. 北京：社会科学文献出版社，2011：106.

[2] 资料来源于非洲可持续民主选举研究所网站。

（50.7%）。[1] 马达加斯加生育率从 1975 年的 6.3 逐渐降低至 1993 年的 5.9 以及 2018 年的 4.3，但在部分大区，如梅拉基、阿穆罗尼马尼亚等，生育率仍在 5 以上，安德鲁伊大区更是达到 6 以上。马达加斯加早婚现象较为严重，13% 的 15—19 岁青年已经有过生育经历。家庭人口数量平均为 4.2 人 / 家庭，其中城市地区为 3.9 人 / 家庭，农村地区 4.3 人 / 家庭。[2] 人口平均预期寿命为 67.64 岁，女性为 69.72 岁，男性为 65.76 岁。[3]

马达加斯加 52% 的人口居住在中部高原地带，如阿纳拉曼加（14.1%），瓦基南卡拉特拉（8.1%），上马齐亚特拉（5.6%）。[4] 马达加斯加平均人口密度为 43.3 人 / 平方千米，但阿纳拉曼加大区为 208.9 人 / 平方千米，远高于平均数值。

在总人口中，马达加斯加人占 98% 以上，此外还有少量科摩罗人、印度人、巴基斯坦人和法国人等，华侨华人约为 6 万，主要居住在塔那那利佛和图阿马西纳两大城市。[5] 马达加斯加人有 18 个民族，其中较大的有伊麦利那族（占总人口的 26.1%）和贝希米扎拉卡族（14.1%）。[6] 人们通常将 18 个民族分为两大部族：高原部族和海岸部族。高原部族包括伊麦利那族、梅里纳族（意为"高地的人"）、巴拉族（意为"来自内部的人"）、贝齐略族（意为"不放弃或不可征服的众人"）等。海岸部族主要为沿海部族，包括北方地区的安塔卡拉那族（意为"生活在岩石地区的人"）、贝希米扎拉卡族（意为"谁也不让自己分开"）等，东部地区的安坦巴华卡族（意为"受人喜爱的人"）、安泰莫罗族（意为"海岸的人"）等，南部地区的安塔

---

[1] 资料来源于马达加斯加经济和财政部网站。

[2] 资料来源于马达加斯加经济和财政部网站。

[3] 资料来源于马达加斯加经济和财政部网站。

[4] 资料来源于马达加斯加经济和财政部网站。

[5] 商务部国际贸易经济合作研究院，中国驻马达加斯加大使馆经济商务处，商务部对外投资和经济合作司. 对外投资合作国别（地区）指南，马达加斯加（2020 年版）[Z]. 2020：5.

[6] 商务部国际贸易经济合作研究院，中国驻马达加斯加大使馆经济商务处，商务部对外投资和经济合作司. 对外投资合作国别（地区）指南，马达加斯加（2020 年版）[Z]. 2020：8.

诺西族（意为"岛屿人"）、安坦德罗伊族（意为"荆棘地人"）等，以及西部地区的萨卡拉瓦族（意为"长谷的人"）和维索族（意为"渔夫"）。

马达加斯加官方语言为法语和马达加斯加语（属马来–波利尼西亚语系），通用语言还包括英语。

信奉传统宗教的马达加斯加人约占总人口的 52%，信奉基督教的人约占 41%，信奉伊斯兰教的人约占 7%。[1]

二、经济发展

（一）经济概况

独立后的马达加斯加大力发展经济，并得到了诸多国际援助。马达加斯加经济在 2009 年之前态势较为良好，增长率连续保持在 6% 左右。但 2009—2013 年发生的政治动荡导致国际组织援助大大减少，国家财政也迅速萎缩，而国内社会治安的恶化也使得国际投资进一步减少。2014 年，政治危机结束后，国家经济逐渐恢复，国内生产总值增速从 2013 年的 2.30% 增加到了 2019 年的 4.41%（见表 1.2）。2019 年 5 月，马达加斯加政府将最低工资标准提高至每月 20 万阿里亚里（约合 54 美元）。[2]

---

[1] 中华人民共和国驻马达加斯加共和国大使馆. 马达加斯加国家概况 [EB/OL].（2012-11-21）[2021-02-23]. http://mg.chineseembassy.org/chn/ljmg/t991479.htm.

[2] 商务部国际贸易经济合作研究院，中国驻马达加斯加大使馆经济商务处，商务部对外投资和经济合作司. 对外投资合作国别（地区）指南，马达加斯加（2020 年版）[Z]. 2020: 23.

表 1.2 2008—2019 年马达加斯加国民经济数据一览 [1]

年份	GDP（亿阿里亚里，现价，按购买价格 GDP 计算）	经济增速（%）	各产业增加值增速（%）		
			第一产业	第二产业	第三产业
2008	183 225	6.71	2.29	7.13	7.81
2009	188 126	−3.98	5.47	−5.66	−5.72
2010	208 634	0.62	−2.31	1.79	0.56
2011	233 938	1.58	1.88	0.55	1.05
2012	254 155	3.01	2.08	9.15	2.64
2013	274 177	2.30	−5.04	27.29	0.40
2014	302 406	3.34	1.59	6.96	2.96
2015	332 162	3.13	−1.53	6.69	2.49
2016	376 376	3.99	1.35	4.79	4.55
2017	410 588	3.93	1.29	5.80	5.06
2018	458 863	3.19	0.35	1.99	0.84
2019	510 352	4.41	5.93	6.77	4.98

　　根据马达加斯加经济和财政部于 2020 年 11 月 17 日颁布的《2021 财政法案》，2021 年马达加斯加的经济增长率将达到 4.5%，人均 GDP 将达到 530 美元，同比增长率将达到 5.4%。[2] 但马达加斯加仍属于经济最不发达国家之一，人均国内生产总值在全球范围内排名倒数第七。[3]

---

[1] 中华人民共和国商务部. 马达加斯加更新 1984—2019 年 GDP 数据 [EB/OL].（2021-08-25）[2021-09-06] http://mg.mofcom.gov.cn/article/jmxw/202108/20210803191620.shtml.

[2] 中华人民共和国商务部. 2021 马达加斯加经济前景展望 [EB/OL].（2020-11-18）[2021-02-25]. http://www.mofcom.gov.cn/article/i/jyjl/k/202011/20201103016749.shtml.

[3] 商务部国际贸易经济合作研究院，中国驻马达加斯加大使馆经济商务处，商务部对外投资和经济合作司. 对外投资合作国别（地区）指南，马达加斯加（2020 年版）[Z]. 2020：23.

（二）产业结构

从产业机构上看，农业是马达加斯加的支柱产业，工业仍处于起步阶段。从经济的发展过程来看，第三产业的比重越来越大，而第一产业则逐渐萎缩。近十余年来，农业产值占国内生产总值的比例也从 2010 年的 29% 下降到 2020 年的 24%。与此同时，第三产业产值则从 48.8% 缓慢上升至 49.6%。和第一产业及第三产业相比，第二产业所占比重较低。[1]

马达加斯加土地肥沃，气候适宜，全国可耕地 880 万公顷，已耕地 280 万公顷，剩余可耕地资源丰富。[2] 马达加斯加近三分之二的耕地可用于水稻种植，其他主要粮食作物还包括木薯、甘薯和玉米等。主要经济作物包括甘蔗、荔枝、香草、丁香、胡椒、咖啡、可可、棉花等，其中香草的出口产量居世界第一。[3] 2019 年，马达加斯加第一产业（农、林、牧、渔）增加值约 35.3 亿美元，占 GDP 的 24.7%。[4] 虽然马达加斯加可耕地资源以及农产品种类和产量丰富，但是农业发展却受到了极大限制，其原因有三。首先，马达加斯加农民较少使用现代农业技术，导致农业生产效率较低。其次，囿于基础设施的缺乏，农村地区与市场的连通性较差，影响了货物运输的效率。最后，马达加斯加农业活动还极易受到气候波动的影响，而农村家庭中大部分都没有非农创收来抵御自然灾害的冲击。

马达加斯加的工业基础非常薄弱，工业产值在国内生产总值中比重也长期较低。全国企业数量（不论大小）约为 25.8 万家，其中一半位于塔那

---

[1] 资料来源于世界银行数据库网站。

[2] 中非合作论坛. 马达加斯加国家概况 [EB/OL]. （2018-09）[2021-02-23]. http://www.focac.org/chn/ltjj/ltffcy/mdjsj/.

[3] 一带一路中非智库. 马达加斯加农业 走进马达加斯加香料产业 [EB/OL]. （2017-01-22）[2022-03-11]. http://news.afrindex.com/zixun/article8399.html.

[4] 商务部国际贸易经济合作研究院，中国驻马达加斯加大使馆经济商务处，商务部对外投资和经济合作司. 对外投资合作国别（地区）指南，马达加斯加（2020 版）[Z]. 2020：18.

那利佛。[1] 2019 年马达加斯加境内新设立企业 15 786 家，同比增长 5.4%。[2] 采矿业是马达加斯加经济发展中不可忽视的重要增长点，主要业务范围包括钛铁矿、镍钴矿和铬矿等。2019 年，马达加斯加镍矿出口额 4.5 亿美元，钴矿 1 亿美元，钛矿 9 483 万美元。[3] 马达加斯加的主要贸易伙伴包括中国、法国、美国、阿联酋和印度。

第三产业中，旅游业是支柱产业。作为经济的重要组成部分，旅游业占马达加斯加经济总量的 7%，直接创造了 4.6 万个就业岗位。[4] 20 世纪 90 年代以来，马达加斯加大力发展旅游业，所实施举措包括 1990 年成立以培养专业从业人员为目标的旅游学校，1991 年成立国家旅游开发委员会，以及于 1994 年实现国内和地区航运自由化。马达加斯加共有 717 家宾馆，其中星级宾馆 111 家。[5] 由于 2018 年的马达加斯加大选以及麻疹等疾病的暴发，2016—2018 年访问马达加斯加的游客数量持续下降，降幅达到 14%，[6] 全国 70% 以上酒店停业。[7] 2019 年，随着政治局势的逐步稳定，游客数量大增，达到历史最高。同年 4 月，马达加斯加公安部电子签证申请系统正式上线。此后，游客不用在入境机场排队办理落地签，可在出境前通过线上系统办理。根据马达加斯加政府测算，按游客来源地划分，意大

[1] 中非合作论坛. 马达加斯加国家概况 [EB/OL].（2018-09）[2021-09-06]. http://www.focac.org/chn/ltjj/ltffcy/mdjsj/.

[2] 中华人民共和国商务部. 2019 年马达加斯加境内新设立企业 15786 家 [EB/OL].（2020-05-24）[2021-02-25]. http://www.mofcom.gov.cn/article/i/jyjl/k/202005/20200502964699.shtml.

[3] 商务部国际贸易经济合作研究院，中国驻马达加斯加大使馆经济商务处，商务部对外投资和经济合作司. 对外投资合作国别（地区）指南，马达加斯加（2020 年版）[Z]. 2020：5.

[4] 商务部国际贸易经济合作研究院，中国驻马达加斯加大使馆经济商务处，商务部对外投资和经济合作司. 对外投资合作国别（地区）指南，马达加斯加（2020 年版）[Z]. 2020：18.

[5] 中华人民共和国外交部. 马达加斯加国家概况 [EB/OL].（2020-10）[2021-02-24]. https://www.fmprc.gov.cn/web/gjhdq_676201/gj_676203/fz_677316/1206_678092/1206x0_678094/.

[6] 商务部国际贸易经济合作研究院，中国驻马达加斯加大使馆经济商务处，商务部对外投资和经济合作司. 对外投资合作国别（地区）指南，马达加斯加（2020 年版）[Z]. 2020：18.

[7] 中华人民共和国外交部. 马达加斯加国家概况 [EB/OL].（2020-10）[2021-02-24]. https://www.fmprc.gov.cn/web/gjhdq_676201/gj_676203/fz_677316/1206_678092/1206x0_678094/.

利约占 42%，法国约占 35%，科摩罗约占 4%，中国约占 4%。[1] 马达加斯加的金融业并不发达，国内近三分之一的金融业务由马达加斯加中央银行负责管理。[2] 此外，马达加斯加还有 11 家商业银行、3 家融资担保机构以及 25 家小额信贷机构。[3]

（三）人民生活

虽然近年来马达加斯加政府一直致力于改善人民生活水平，但是该国人类发展指数依然处于世界较低水平。75% 的马达加斯加人每天生活在国际贫困线 1.9 美元以下，也是非洲国家中贫困率最高的国家。[4] 此外，马达加斯加五岁以下儿童中每两个就有一个处于营养不良状态。2014 年时，140 万儿童被迫从小学辍学。[5]

马达加斯加农村地区人口占比很大，约 80.7%。虽然城市化进程不断加快，且城市人口比例预计到 2036 年会增长到 50%，但是分布极不平均。首都塔那那利佛的人口数量达到了 88 万，而人口数量超过了 10 万的城市只有 4 个，分别为图阿马西纳、菲亚纳兰楚阿、马哈赞加和安齐拉贝。[6] 正式居所对很多马达加斯加人来说仍然难以负担，约有 85% 没有正式的住址。[7] 住宅区相对来说只面向高收入人口，购房以及租房都被认为是精英群体的特权。

---

[1] 中华人民共和国商务部. 新冠肺炎疫情重创马达加斯加旅游业 [EB/OL]. （2020-03-20）[2021-02-24]. http://www.mofcom.gov.cn/article/i/jyjl/k/202003/20200302947174.shtml.

[2] 中华人民共和国外交部. 马达加斯加国家概况 [EB/OL]. （2020-10）[2021-02-24]. https://www.fmprc.gov.cn/web/gjhdq_676201/gj_676203/fz_677316/1206_678092/1206x0_678094/.

[3] 商务部国际贸易经济合作研究院，中国驻马达加斯加大使馆经济商务处，商务部对外投资和经济合作司. 对外投资合作国别（地区）指南，马达加斯加（2020 年版）[Z]. 2020：35.

[4] 商务部国际贸易经济合作研究院，中国驻马达加斯加大使馆经济商务处，商务部对外投资和经济合作司. 对外投资合作国别（地区）指南，马达加斯加（2020 年版）[Z]. 2020：3.

[5] 资料来源于世界银行网站。

[6] 资料来源于联合国人居署网站。

[7] 资料来源于非洲经济适用房融资中心网站。

三、医疗卫生

马达加斯加的医疗体系包括医院、小型医疗中心和卫生诊所。据统计，截至 2016 年，共有各类医疗设施 3 416 所，其中公立 2 791 所、私立 625 所；公立医疗设施中，基层卫生中心 2 660 所、县级医院 87 所、大区级医院 16 所、医学院 20 所、其他 8 所。[1] 在这些医疗体系中，受过培训的医疗专业人员数量有限，且分布不平均。因此，在农村地区获得医疗服务尤其困难。虽然马达加斯加共有注册医生 6 000 名，但是其中有 4 000 名都集中在阿纳拉曼加大区（首都所在大区）。另外 2 000 名则分布在其余 22 个大区中，平均每个大区仅有 95 名医生，许多地方甚至没有医生。[2] 35% 的人口居住在距离医疗机构 10 千米以上的地区。[3] 如此不平均的医疗资源分布导致部分地区民众的基本需求无法得到满足。

马达加斯加人长期受到热带病的困扰，比如淋巴丝虫病、血吸虫病、土壤传播的蠕虫病等，特别是大多数生活在农村地区和贫民窟的人，更是深受其害。此外，间或暴发的恶性传染病也夺走了很多人的生命，比如 2017 年 8 月—11 月的鼠疫，2018 年 9 月至 2019 年上半年的麻疹，以及 2020 年的疟疾和登革热。

四、交通运输

马达加斯加的基础设施建设在世界范围内一直较为落后：2012—2013 年

---

[1] 商务部国际贸易经济合作研究院，中国驻马达加斯加大使馆经济商务处，商务部对外投资和经济合作司. 对外投资合作国别（地区）指南，马达加斯加（2020 版）[Z]. 2020: 12.

[2] 商务部国际贸易经济合作研究院，中国驻马达加斯加大使馆经济商务处，商务部对外投资和经济合作司. 对外投资合作国别（地区）指南，马达加斯加（2020 版）[Z]. 2020: 12.

[3] 资料来源于世界卫生组织网站。

在 144 个国家和地区中排名 130，2018—2019 年在全球 141 个国家和地区中排名 132。[1] 马达加斯加交通设施主要集中在东部沿海地区和中部高原地区，而西部地区的交通状况则较为落后。主要交通方式为公路、铁路和船舶，其中最主要的是公路，约 90% 的货物运输和人的出行都通过公路完成。[2]

从公路运输上看，马达加斯加公路总长约 31 640 千米，包括国道（总长度约为 11 746 千米）、省道和市政道路。通常用数字命名，如 N1、N2、N3 等。全国公路总长中仅有 10% 是铺砌公路，且状态良好（如 N2、N3、N7、N34），[3] 其余大部分公路是泥土路，在雨季期间非常不利于出行。大部分铺砌公路主要用于连接塔那那利佛和其他较大城市。全国每 100 平方千米仅有 5.4 千米的公路，公路密度和周边国家相比非常低，如肯尼亚的公路密度为 28.4 千米 /100 平方千米。[4] 除了铺砌总里程严重不足之外，马达加斯加的公路还面临着重要的安全问题，如安全标识的缺失、车辆质量堪忧、人车没有分流、路灯数量不够以及诸多夜间违法行为（如抢劫）等。

为了支持马达加斯加的基础设施建设，中国政府和中国企业参与完成了多个建设项目，包括塔那那利佛东线路、9 号国道、塔那那利佛市政道路修复工程等。这些项目对当地的交通状况和经济发展均起到了重要的促进作用。

从铁路运输上看，马达加斯加的铁路运输由马达加斯加铁路公司负责，该公司为比利时控股公司，仅有 25% 股份归马达加斯加政府所有。[5] 全国共有两条铁路运输线，包括北线和南线，连接着重要城市。北线总长约 673 千

---

[1] SCHWAB K. The global competitiveness report 2019[Z]. Geneva: World Economic Forum, 2019: 188.

[2] 王建. 马达加斯加 [M]. 北京：社会科学文献出版社，2011: 162.

[3] 资料来源于马达加斯加物流评估网站。

[4] 资料来源于世界银行网站。

[5] 王建. 马达加斯加 [M]. 北京：社会科学文献出版社，2011: 163.

米，南线总长约 163 千米。[1] 2019 年马达加斯加铁路客运总量 9.6 万人次，货运总量 3 万吨。[2]

从水运上看，马达加斯加拥有 17 个港口，包括 7 个海港和 10 个河港，其中只有 5 个港口（安齐拉纳纳、图利亚拉、武海马尔、图阿马西纳和陶拉尼亚鲁）拥有齐全的配套基础设施，包括码头、商店、搬运场所和装卸地等。马达加斯加最重要的港口为图阿马西纳港，全国约 80% 的航运任务都在该港口进行。[3]

从空运上看，马达加斯加共有 126 个机场，主要分为三类：56 个商用公共机场（受航空局管控）、27 个公共管控机场（受航空公司或当地政府管控）以及 43 个私人机场。商用公共机场中只有 10 个可以供航班每天起降，有 6 个可供国际航班起降，[4] 法国航空公司、埃塞俄比亚航空公司、南非航空公司等有航班定期飞往广州、巴黎等地方。首都塔那那利佛伊瓦图国际机场是最重要的机场，距市中心 17 千米。此外，马达加斯加航空公司还开通了首都塔那那利佛市至国内其他重要城市（如图阿马西纳、马哈赞加、图利亚拉等）的航线，但航班时间不固定。这类国内航线在雨季时期深受游客欢迎，因为通常雨季期间公路很难使用。

虽然马达加斯加不提供国营公交车，但仍有城际大巴（可容纳 15—30 名乘客）、游览巴士（最多 16 名乘客）、出租车以及租车等可供使用。港口城市间还有水上出租车可供选择。

---

[1] 资料来源于世界银行网站。

[2] 商务部国际贸易经济合作研究院，中国驻马达加斯加大使馆经济商务处，商务部对外投资和经济合作司. 对外投资合作国别（地区）指南，马达加斯加（2020 年版）[Z]. 2020：5.

[3] 商务部国际贸易经济合作研究院，中国驻马达加斯加大使馆经济商务处，商务部对外投资和经济合作司. 对外投资合作国别（地区）指南，马达加斯加（2020 年版）[Z]. 2020：5.

[4] 资料来源于物流评估网站。

五、新闻传媒

马达加斯加的媒体主要包括报纸、电台、电视台以及网络平台等。

马达加斯加主要报刊包括《午报》《快报》《新闻报》《论坛报》等，以法语为主，通常每日发行。

马达加斯加国家广播电台是最主要的电台，性质为国有，始建于 1931 年 4 月，24 小时持续播放节目，主要语言为法语和马达加斯加语。此外还有规模较小的私立电台。

马达加斯加的国有电视台名为马达加斯加国家电视台。该电视台始建于 1967 年，每天用法语和马达加斯加语播放节目。此外，马达加斯加还有多家私人电视台。

2019 年，马达加斯加的互联网覆盖率约为 9.8%，近 260 万马达加斯加人可以使用互联网。[1] 马达加斯加的互联网域名为 mg，网络电缆总长达 9 000 千米，且预计会增加到 11 000 千米。[2] 近年来，马达加斯加的互联网发展迅速，在非洲国家中名列第 15 位，在撒哈拉以南非洲国家中名列第二。[3] 2007—2017 年，马达加斯加网络速度从 144.81Kbps 提升至 3 788.46Kbps，IP 地址的数量从 3 167 增加到 34 386。[4] 2021 年 1 月，全国共有 545 万互联网使用者，比上一年度增加了 160 万。[5] 为了进一步拓展互联网的覆盖范围，政府已计划在国内设立免费无线热点。

---

[1] 资料来源于国际数据网站。

[2] 资料来源于美国商业资讯网站。

[3] 资料来源于美国国际贸易管理局网站。

[4] 资料来源于美国国际贸易管理局网站。

[5] 资料来源于报告汇总网站。

六、体育运动

体育运动在马达加斯加非常流行，不论年龄、性别和受教育程度。马达加斯加流行的运动主要包括田径、足球、拳击、柔道、网球和篮球等。

在马达加斯加最受欢迎的运动是足球。通常情况下，人们会选择在沙滩或者泥土地上踢足球，而且很少穿鞋子。在没有足球的情况下，人们还会用塑料袋制作成圆形的物体来继续踢球。虽然马达加斯加物质条件有限，但是人民对体育运动，尤其是足球的热爱可见一斑。

马达加斯加职业足球由马达加斯加足球联盟负责管理和运营。从历史上看，马达加斯加职业足球并没有在世界舞台上取得过优异的成绩，部分优秀的足球运动员会选择去海外工作，其中法国是最受欢迎的目的地。2019年，马达加斯加历史上第一次参加非洲杯，并且以2∶0战胜了经常参加世界杯的尼日利亚队，进而挺进了非洲杯16强。虽然在非洲杯八强赛中，马达加斯加以0∶3败给了老牌强队突尼斯，但是此次胜利还是让马达加斯加人民受到了很大鼓舞。[1]

马达加斯加第二受欢迎的运动为橄榄球，被视为国民运动。2021年2月22日，马达加斯加在世界橄榄球排行榜上名列第33位，较为靠前。马达加斯加橄榄球运动由马达加斯加橄榄球联盟负责管理，但一直无法进入橄榄球世界杯。

马达加斯加的传统运动是马达加斯加摔跤。这是一种传统上由男性参加的体育比赛，起源于15世纪，在沿海地区比较流行。通常情况下，摔跤选手多为男性，但近年来女性选手数量逐渐上升。马达加斯加摔跤是世界上持续时间最短的比赛，每轮一般持续30秒。[2]十岁以上的孩子有时会学习该项运动，以锻炼防身技能。马达加斯加的游客也会经常选择观赏该比

---

[1] 资料来源于青年非洲网站。

[2] 资料来源于文化旅途网站。

赛。运动员可以参加国家锦标赛，获胜者可以赢得轿车、摩托车或者奖金。

此外，马达加斯加近 5 000 千米的海岸线对户外运动爱好者来说具有极大的吸引力。冲浪、潜水、观鲸鱼、海钓和帆板等多项激动人心的运动吸引着来自世界各地的游客和运动爱好者。

第二章 文化传统

马达加斯加民族众多，人口来源广泛，主要来自印度尼西亚、阿拉伯国家和非洲其他国家。马达加斯加不同区域地形和气候的差异促成了多样的文化遗产，各部族在语言、文学、音乐、舞蹈、建筑和生活方式等方面拥有自己独特的个性。

第一节 历史沿革

一、国家历史

大约 2 000 年前，就有人开始定居于马达加斯加。最早移民定居者的信息目前尚无定论，但有学者推测，第一批定居者很可能是印度尼西亚群岛的印尼人和非洲大陆的班图人。7 世纪后，阿拉伯人逐渐从东非海岸南下至马达加斯加岛。外来移民通过与当地人通婚的方式，逐渐形成了马达加斯加人。14 世纪时，马达加斯加的中部和东南沿海出现了最早的国家组织：伊默里纳王国。

马达加斯加文化是多种文化的融合体。非洲文化、阿拉伯文化、亚洲文化和欧洲文化均对马达加斯加人产生了深远的影响，形成了丰富的文化内容。例如，马达加斯加最具象征性的乐器竹筒琴与印度尼西亚和菲律宾的传统乐器非常相似，饮食习惯与东南亚较为一致，马达加斯加人赋予瘤牛的神圣地位也与非洲邻国的习俗相吻合。

16 世纪初，随着葡萄牙人的到来，马达加斯加被迫开始与欧洲国家接触。16 世纪后期，英国人、法国人及荷兰人先后到达马达加斯加并建立贸易点。19 世纪初，马达加斯加岛屿中部的伊默里纳王国拉达马一世成功统一了马达加斯加岛大部分疆域，并建立起了马达加斯加王国。王国的统治者包括拉达马一世（1818—1828 年在位）、腊纳瓦洛娜一世（1828—1861 年在位）、拉达马二世（1861—1864 年在位）、拉苏赫琳娜（1864—1868 年在位）、腊纳瓦洛娜二世（1868—1883 年在位）等。1895—1896 年，法国人通过暴力的方式实现了对马达加斯加的完全控制，并开始实施殖民统治，马达加斯加从此进入了被殖民时代。1960 年 6 月 26 日宣布独立，成立马尔加什共和国，亦称第一共和国。此后，6 月 26 日成为国庆日。

马达加斯加人民继承了丰富的文化，并引以为傲，政府对此也非常重视。独立初期主管文化事务的中央部委为交流与文化部，其主要使命包括认可文化多样性并将其视为国家发展的首要任务，大力保护国内文化和自然遗产，鼓励各种形式的文化创造以形成一个更为和谐、包容以及团结的社会。当时的马达加斯加政府与法国签署了多项协议，其农业、商业和工业体系等仍被法国垄断资本控制。虽然首位总统齐拉纳纳被认为是独立之父，但是他在国家独立后的文化政策上显现出强烈的"亲法"倾向。在他的领导下，马达加斯加文化被视为是法国文化的一部分。1972 年，齐拉纳纳被迫让位后，继任总统拉马南楚阿所实施的政策使得马达加斯加在文化上与法国的联系逐渐减弱。随后的几任总统由于政局不稳定以及经济发展滞后，并未重视发展文化政策。

1975 年 12 月 21 日，改国名为马达加斯加民主共和国，亦称第二共和国。1992 年 8 月 19 日，马达加斯加人民通过全民投票的方式通过了第三共和国新宪法，并决定恢复原国名马达加斯加共和国，亦称第三共和国。2005年马达加斯加政府颁布了 2005–006 号法律，对国家的政治文化活动进行了进一步说明。[1] 该条法律阐明，为了保证国家的整体进步与发展，保持马达加斯加文化的活力至关重要，并从原则、目标、战略、规划等各方面对国内文化事业的发展进行了明确规定，包括搭建跨文化交流平台、拓展语言的学习与使用、改善艺术创作的条件、发展文化类产业、设立马达加斯加青年文化和公民教育的相关培训机构等。

2010 年 11 月马达加斯加以全民公投的方式通过新宪法，并于当年 12 月11 日宣布正式成立第四共和国。进入 21 世纪后，随着国家经济的逐步发展以及联合国教科文组织的参与，马达加斯加中央政府开始加大对文化领域的重视与投入，马达加斯加人也开始认识到文化在社会经济发展中对增强民众的国家和民族认同感的重要性。为了推动文化多样性的发展，马达加斯加政府致力于通过制定国家文化政策，在社会、经济发展的同时，注重文化的发展；尊重文化多样性，实现相互理解和尊重；增强社会信心，促进公民参与。[2] 有鉴于此，马达加斯加中央政府提出了《马达加斯加行动计划》，对国家的发展进行了规划。

马达加斯加政府还加入了第三十三届联合国教科文组织大会期间通过的一份为文化治理提供政策框架的国际条约——《保护和促进文化表现形式多样性公约》。该公约确认了文化多样性是人类的一项基本特性，强调了需要把文化作为一个战略要素纳入国家和国际发展政策，并从具体措施上提出了多个建议，包括建立支持公共机构、加强媒体多样性、培育支持新的文化表现形式等。自从加入该公约以来，马达加斯加政府提交了两份评估报告，分别为 2016 年版和 2020 年版。在 2016 年版评估报告中，马达加斯

---

[1] 资料来源于非洲文化政策观察网站。

[2] 资料来源于国际货币基金组织网站。

加政府指出，自加入该公约以来，国内涌现出了一大批优秀的音乐家、艺术家，并举办了艺术节、开办了图书馆。2020 年，马达加斯加政府提交了第二份评估报告，并提出以下目标：助力打造文化管理的可持续操作系统，努力达到文化设施和文化服务间的平衡并增加文化领域从业人员的流动性，将文化纳入国家可持续发展战略中并保障人民的基本权利。[1]

二、世界文化遗产和非物质文化遗产

马达加斯加有一处联合国教科文组织世界文化遗产及一处联合国教科文组织世界非物质文化遗产。

马达加斯加的世界文化遗产名为安布希曼加皇家蓝山行宫，位于首都塔那那利佛东面大约 24 千米处。皇家蓝山行宫是马达加斯加现存唯一最古老且较为完整的王宫。该地区于 2001 年被列入联合国教科文组织世界遗产名录，面积约为 4 公顷，主要用处是为王室重要成员提供住宅、墓地和祭祀等场所。[2] 该处废墟现在仍然是马达加斯加宗教活动的中心，也是马达加斯加和其他地区宗教信仰者的朝圣地之一，人们到此地祭祀祖先并为亲人祈福。虽然安布希曼加皇家蓝山行宫得到了有力的监控和维护，但是仍面临着诸多威胁，其中维护资金不足、遗址周围发展监督不足以及政治动荡等因素尤为突出。[3]

扎菲曼尼里的木雕工艺在 2008 年入围世界非物质文化遗产。约 25 000 名扎菲曼尼里人生活在马达加斯加东南部山区中的一百多个小村庄里，[4] 从

---

[1] 资料来源于联合国教科文组织网站。
[2] 资料来源于联合国教科文组织网站。
[3] 资料来源于世界银行网站。
[4] 资料来源于联合国教科文组织网站。

这里的建筑和人们的日常用品中均可以看到传统木雕，如墙、窗框、柱梁、板凳、箱子、工具等。近年来，为了维持生计，扎菲曼尼里人开始向周边地区销售他们的木雕作品。但与此同时，森林砍伐也对他们的生存产生了一定程度的威胁。

第二节 风土人情

一、日常饮食

马达加斯加饮食习惯是多文化融合的成果。法国、东南亚和非洲国家饮食中常见的因素常会出现在马达加斯加菜肴中。

马达加斯加的主食以米饭为主。马达加斯加语中的吃饭，字面意义就是"吃米饭"。人们通常一天会吃两到三次米饭，辅以季节性的酱汁、蔬菜和肉。不同地方习惯食用不同的配料，如高原地带通常用番茄作为酱料的基础，而东部沿海地区则以椰汁为主，再加上生姜、洋葱、咖喱、辣椒、香草以及其他香料。

马达加斯加的早餐通常在6：00到9：00之间，午餐在11：30到2：30之间，而晚餐在18：30到21：30之间。典型早餐是水泡饭和鸡蛋，泡饭中有时也会加入蔬菜、香肠或牛肉等。午餐和晚餐的常见菜肴包括龙葵炖牛肉和木薯叶炖猪肉等。佐饭的汤类包括干鱼汤、虾汤和鸡汤等。海边城市和大城市经常可以看见海鲜类菜肴，且价格不高。用餐过后，马达加斯加人很喜欢吃水果和甜点，通常以水果为主，如芒果、菠萝、木瓜和牛油果等，还有由花生、红糖和香蕉制作的糕点。

二、传统服饰

马达加斯加的传统服饰名叫兰巴，是一种棉麻针织物，形状多为长方形或正方形，类似于印度和孟加拉国的沙丽。兰巴除了美观功能之外也可以用来御寒。很多马达加斯加人都认为兰巴是他们生活的必需品。中部高地地区的居民因为当地气温较低更喜欢呢绒的兰巴，而西海岸地区的人们则更喜欢棉布质地的轻薄兰巴。随着马达加斯加经济的发展和对外交流的日益频繁，越来越多的年轻人在衣着上也更靠近西方社会的审美。

三、传统民居

马达加斯加的房屋一般呈长方形，屋顶坡度较大，且大门朝向西方。建筑风格与印度尼西亚非常类似，与非洲大陆相差较大，区域特征极其明显。岛屿东部的房屋通常由旅人蕉和竹子制成。由于东部地区在雨季时降雨量非常大，所以房屋一般会建造在木桩上面，以防止房屋被淹没。南部的房屋材料则以木头为主。木柱通常高达2—5米，表面有雕饰，包括几何图案、植物图案、人像和兽像等。[1]西部地区房屋则呈四角形，墙壁通常由芦苇编成，屋顶则通常会用棕榈叶进行遮挡。中部高原地带的居民习惯用黏土来建造房屋，屋顶高耸。经济条件较好的家庭则会居住在两到三层的带有露台的房屋中，且厨房通常在房屋顶部，中间楼层用于居住，底楼用于储存。

---

[1] 王建. 马达加斯加 [M]. 北京：社会科学文献出版社，2011：202.

四、风俗习惯

马达加斯加的居民社会属性非常强，且对家庭高度重视。一个村庄或者社区中的人通常互相认识，并且乐于互相帮助，对同一群体中的伙伴非常看重。很多俚语就是关于互帮互助的忠告，例如"两个男人同时进入森林：我是他的保障，他亦是我的保障""在南部和北部都有房子，随处皆可遮风避雨""宁愿丢了钱包也不愿意失去友谊"等。人们在社会交往中，通常将年长者视为父母，将年轻人视为儿女，老者通常具有很高的社会地位。他们认为年龄意味着经验和智慧。生活在农村地区的长者通常扮演决策者的角色。

马达加斯加人对神灵非常重视，社会的道德标准常基于此，与之相关的谚语有："不要觉得你能隐藏在废弃的山谷里，因为上帝在上面看着""被牛追逐比被良知的声音催促要好"。

牛和鳄鱼在马达加斯加具有重要的地位。牛在马达加斯加不仅是财富的象征，同时也具有宗教意义。在宗教祭祀活动中，牛经常是祭品，用来供奉祖先和神灵。人们在葬礼或者修建坟墓时也要宰牛。马达加斯加人普遍遵守不得无故伤害牛的准则。鳄鱼则被生活在水域周围的居民视为水域之主和神明。

马达加斯加婚礼中还有一种特别的仪式被称为游泳婚礼，通常在西部地区举行。新郎新娘在亲友的注视下跳进大海，而岸上的宾客们则会载歌载舞为他们祝福。新婚夫妇回到岸上后再与亲友们一起庆祝。

如果家中有老人去世，杀牛摆宴是最常见的做法，有时人们也会在老人墓碑前摆上牛头模型，以保佑死者。在举行仪式时，人们常常采用"笑葬"的方式，因为人们认为死亡虽然是不幸的，但是也意味着灵魂向美好世界的超度，所以很少会有人在葬礼上哭泣。相反，亲朋好友会围着死者唱歌跳舞，以表达祝福。

马达加斯加还有一种传统葬礼名叫法马迪哈纳，字面意义为"祖先身体的转向"，也译为翻尸节或亡灵节。该仪式源自19世纪20年代，被认为是马达加斯加最普遍的仪式之一。[1]亡灵节的重点并不仅仅是取出遗体，"二次葬"是该仪式的最重要特征。"二次葬"是在逝者第一次安葬的若干年后（通常为两年或以上），亲属邀请远亲近邻一起前往目的地，并将死者遗体从临时墓中取出，更换尸布后放入新的棺木，并在歌舞中将棺木抬回家中，随后举行狂欢仪式，通常持续至次日清晨。之后家人通常会将遗体共同抬至家族的集体坟墓，再将尸体放入。这种方式表现出个体死亡之后经历的灵魂净化并最终回到祖先灵魂聚集地的过程。亡灵节是马达加斯加人生死观的体现。马达加斯加人认为身体来自大地，而生命和灵魂来自上帝。当人去世后，灵魂升天而身体留在土中。死者的家人们会认为死去的亲属会变成他们的守护者，给予他们在学业、工作、婚姻等方面的祝福和保佑。在仪式的前一天，人们还会利用此次机会向先灵和亲戚介绍家族的新成员。

除了以上习俗之外，马达加斯加还有诸多禁忌。触犯这些禁忌并非违法行为，但是当地人民普遍认为对这些公认规则的破坏会受到神灵以及祖先的惩罚，尽管这些惩罚可能具有滞后性。不同地区有不同禁忌，但一些禁忌具有普遍性。例如，马达加斯加人忌讳黑色，认为黑色代表着死亡和灾难。"星期二"和"星期四"被认为是不祥的象征。和中国不同的是，马达加斯加人并不喜欢数字"8"，因为该数字在马达加斯加语中的发音与"敌人"很接近。相反，马达加斯加人很喜欢数字"7"，因为"7"含有"神圣"的意思。

---

[1] 资料来源于新海峡时报网站。

五、法定节假日

马达加斯加法定节假日多种多样，比如元旦（1月1日）、国际妇女节（3月8日）、1947年民族起义纪念日（3月29日）、复活节、复活节后的星期一、国际劳动节（5月1日）、开斋节、圣灵降临节、国庆节（6月26日）、古尔邦节、圣母升天节、诸圣瞻礼节、圣诞节（12月25日）等。

通常情况下，马达加斯加政府单位每周工作五天，周末双休，每周工作时间一般在40小时以下。

第三节 文学艺术

一、文学

马达加斯加文学体现了多种语言和文化的融合，文学家们大力赞美自己国家悠久的历史和文化多样性。马达加斯加最著名的作家多用法语或者英语写作。

马达加斯加口述文学历史悠久，通常以诗歌、公开演讲以及谚语等形式代代相传。最早用文字记录下马达加斯加口述文学的是欧洲人。马达加斯加口述历史中，最著名的作品当属史诗《伊波尼亚》。该作品的最早已知记录为1870年，并迅速在非洲文学中占据了重要地位。其情节较为经典：英雄从敌人手中救回爱人并与之幸福地生活在一起。读者可以通过不同的解读方式从中了解马达加斯加的传统文化和宗教信仰。

让·约瑟夫·拉贝阿利维洛被认为是非洲第一位现代诗人和马达加斯加现代文学之父，其自传被翻译成了多种语言。拉贝阿利维洛生活在马达加斯加被殖民统治期间，家庭较为贫困，他的学校教育在中学阶段就终止了。之后他自学成才，写过七部诗集，其中最主要的有《近乎梦想》和《黑夜的表述》。人们为了纪念拉贝阿利维洛，在他去世后用他的姓名命名了塔那那利佛的一条街道、一所高中以及马达加斯加国家图书馆的一个专门房间。

二、电影

虽然马达加斯加在被殖民期间有几部电影面世，如《独行侠》和《拉比戈恩将军》等，但是国家电影行业直到殖民结束后才算真正开始发展，标志性影片包括 1970 年胡格斯·拉哈里马南索阿执导的《木炭》、1971 年内罗·拉哈梅法执导的《古代游戏》和 1971 年理查德·克劳德·拉托沃纳里沃执导的《特拉农卡拉》。

独立后的马达加斯加涌现出一批导演，他们前往法国进修。1965—1970 年，马达加斯加教育电影制作中心给电影院的技术员们提供了一系列培训以帮他们更好地维护放映设备，马达加斯加电影联盟也开始给影视工作者提供经济资助。到 1975 年时，马达加斯加岛上已有五十多个电影放映室，其中十个为马达加斯加电影联盟所有，其他的属于私有企业。全岛引进的影片中大约 60% 是西部片、动作片等。[1] 马达加斯加教育电影制作中心成立后，以创造具有教化意义的电影、短片和中等时长的纪录片为主，与乡村相关活动机构保持紧密联系，在马达加斯加最偏远的地区放映教育电影。[2]

1978 年，马达加斯加影视部取代了马达加斯加教育电影制作中心的地

---

[1] 资料来源于文化与影视网站。

[2] 资料来源于文化与影视网站。

位和角色，并控制了岛上的私人影院。该部门也开始淡化影视制作，只负责引进影片，尤其是从苏联和古巴等国，并配上法语字幕。

囿于结构调整计划的影响，马达加斯加的影视行业逐渐萎缩。1989 年起，电影院的大门开始逐渐向观影者关闭。很多影院被改成仓库、酒店、商业中心，有些被租赁给基督教机构。后来，全国开放的电影院只剩首都的两家，播放场次也很少。1996 年，马达加斯加所有电影院全部关闭。此外，马达加斯加多年来政局的相对不稳定也在一定程度上制约了影视业的发展。直到 2006 年，得益于马达加斯加短片节的成立，影视行业才逐渐得以恢复。虽然预算非常有限，但是该电影节给青年从业人员提供了一个重要平台。

虽然马达加斯加并没有专门的艺术院校，但是电影爱好者们还是成功地创建了多个影视协会。例如，2012 年成立的阿萨·萨里协会提供多种培训课程，致力于马达加斯加的文化和影视推广。2017 年以来，该协会与留尼汪、毛里求斯以及科摩罗三个国家和地区的影视协会共同成立了印度洋影视联盟，以期改善该地区影视行业的状态。

三、音乐

音乐是马达加斯加人重要的表达方式之一，在马达加斯加的文化中具有重要的地位。婚葬仪式、宗教典礼以及很多传统场合都伴随着音乐与舞蹈，日常生活中也经常可以看到人们载歌载舞。和饮食习惯一样，马达加斯加的音乐也广泛吸收了东南亚地区、非洲其他国家、阿拉伯国家以及英法等国的音乐特征。

1. 传统乐器

马达加斯加最古老的乐器之一名为竹筒琴，是最具代表性的乐器。这是一种管状的扁形弦乐器，长约 1.2 米，[1] 形状为圆柱体，共鸣箱是一个长方形的盒子。竹筒琴弦的数量一般有 13—24 个，数量可以增减，传统上由竹子皮制成，现在多为钢弦。琴弦的两端固定在竹筒的两端，围绕竹筒一周。演奏者在演奏竹筒琴时会用双手抱住竹筒琴，用手指拨动琴弦进行弹奏。竹筒琴的音乐比较轻柔，可快速弹奏单音、双音旋律及和弦，声音类似西方的竖琴。竹筒琴一般以伴奏形式为主，使用范围非常广，常见于大部分人民的日常生活中，也用于国际文化活动以及国内的庆典仪式中。20 世纪竹筒琴最著名的演奏者之一是出生于 1938 年的拉科托扎菲。他大部分演奏曲目都在马达加斯加电台录制节目时完成。另一位非常著名的竹筒琴演奏者是西尔维斯特·兰达菲森。兰达菲森演奏了诸多曲目，被视为马达加斯加的文化标志之一。

另一种马达加斯加传统民间乐器是卡布萨，一种鲁特琴。该琴用木头制成，内部被挖空以制造并放大声音，乐器底部通常是平的或圆的，一般只有 66 厘米长，有两到六根弦。和吉他类似，演奏者需要使用通常由牛角制成的拨片。四弦的琴用途广泛，多见于家庭内部的各类庆典，也常见于体育活动中。卡布萨的演奏者几乎没有在传统的音乐学校学习过，也很少拥有完整的乐理知识，仅仅依靠其天赋和灵感。今天，卡布萨依然广受马达加斯加人喜爱，经常出现在电视台的综艺节目中。

在马达加斯加西南地区非常流行马达加斯加木琴。这是一种由不同长度的硬木板条制成的拨弦乐器，两面都有弦，板条的位置可以根据节奏的需要进行调整。马达加斯加木琴源自东南亚国家，从基督教时代开始到公

---

[1] 资料来源于文化与影视网站。

元 5 世纪之间传入马达加斯加。[1] 马达加斯加木琴的马达加斯加语名字起源较为独特。因为演奏者必须身体直立地坐着，双腿轻微分开以支撑乐器并起到共鸣器的功能（现在共鸣器已用一个木制的音箱代替），所以在当地语言中，"骄傲地坐着"的动词与该乐器名字的拼写方式非常类似。[2] 马达加斯加木琴大小不一，体积越小的木琴通常音调越高。木琴常由女性演奏，可独奏可合奏，且经常与其他乐器一同演奏。

2．音乐形式

马达加斯加艺术家们努力融合传统音乐和现代其他国家的音乐，逐渐发展出了多种重要的音乐形式，其中以"希拉加西"和"沙拉吉"两种最为突出。

在马达加斯加的高原地区，自 20 世纪 50 年代开始，多个乐队开始用巡回演出的方式在一个个村落给当地居民演奏欧美国家的流行音乐，或者是演唱谚语类歌曲，伴奏为鼓等传统乐器，表演常伴随舞蹈。这些人通常被称为"希拉加西"（字面意思是"马达加斯加演唱"）流浪歌手。歌曲主题主要与当地居民生活相关，包括土地种植、社会问题、婚礼以及爱情等，演唱时间可持续一小时之久。"希拉加西"常具有教育意义，表演者希望通过艺术的形式传达信息并教育大众。

雷米利森·贝西加拉是"希拉加西"重要代表人物之一。自十岁开始，贝西加拉和他的兄弟姐妹一起组建乐队，并开始在各地进行表演，非常受欢迎，演出票有时很难预订，尤其是在"亡灵节"期间。2007 年，贝西加拉成立了菲皮马马德联合会，以更好地团结所有"希拉加西"表演者。2009 年

---

[1] 江西师范大学马达加斯加研究中心. 马达加斯加乐器 Atranatrana[EB/OL].（2018-11-27）[2021-03-03]. https://mrc.jxnu.edu.cn/2018/1127/c5598a136686/page.htm.

[2] 资料来源于虚拟博物馆网站。

贝西加拉的去世被认为是马达加斯加文化界的一大损失。[1]他的女儿，佩林·拉扎菲亚里索也是"希拉加西"的重要代表人物，影响了成千上万的马达加斯加人。拉扎菲亚里索的演出通常以舞蹈、歌曲的形式来传达有关教育、健康以及环境保护的积极认知。2001年，她被邀请前往法国进行了为期三个月的巡回演出。

马达加斯加沿海地区最重要的音乐形式是源自东北部的"沙拉吉"。20世纪60年代起"沙拉吉"在马达加斯加北部沿海地区流行开来，见于特殊的祭祀节日，"沙拉吉"具有特殊的节拍韵律和舞蹈形式。伴随着欧美国家其他音乐类型的影响，"沙拉吉"开始融合西方的爵士乐与本土音乐特征，形成了特殊的极具生命力的音乐风格，既时尚又充满活力，流行至全岛各地。大量青年人不断学习和更新这种音乐形式。现代"沙拉吉"艺术家尤塞比·乔乔比是一位来自安齐拉纳纳的歌手，被认为是沙拉吉之王。

四、艺术节

随着马达加斯加政局的日益稳定以及国家的逐步开放，各类艺术节大放异彩，吸引着世界各地的艺术爱好者。

每年春天，马达加斯加岛旁的小岛，贝岛，用爵士音乐节邀请着世界各地的知名音乐家。贝岛爵士音乐节开始于2017年，通常持续三天，是马达加斯加规模最大的音乐节。贝岛爵士音乐节将音乐的魅力和马达加斯加的自然人文景色相结合，通过文化艺术上的交流给马达加斯加增添魅力。

每年五月在迭戈苏亚雷斯举行的泽尼佐音乐节也是马达加斯加别具特色的音乐节之一，通常持续一周时间。泽尼佐音乐节创办于2007年，由当

---

[1] 资料来源于马达加斯加法院网站。

地政府与法国文化协会合办。该音乐节和狂欢节类似，诸多马达加斯加和世界各国的街头艺术家纷纷走向街头进行表演。表演的形式包括舞蹈、木偶戏、戏剧、街头绘画、音乐剧、马戏和游行等。该音乐节的特色是将重点投向街头、公共空间以及观众与演出者的互动上，非常受儿童欢迎。

每年 10 月在首都塔那那利佛举行的持续两周的大规模爵士音乐节也是马达加斯加的特色艺术节之一。这个一年一度的爵士音乐节已延续多年，融入了马达加斯加丰富的音乐传统，汇集了当地和外国爵士乐表演者，许多活动都是免费的。国际音乐家、歌手和成千上万的游客会参加这些活动。

第三章 教育历史

第一节 历史沿革

一、殖民前的教育

马达加斯加教育拥有悠久的历史，中世纪时期出现了学校教育的萌芽。当时的阿拉伯民族希望通过建立"库塔波"（用于教授阅读和基本算术能力的古兰经学校）来宣传其宗教信仰，并用他们的语言将马达加斯加当地语言通过字母表现出来，命名为索拉布。正式的学校教育在19世纪初才出现。

19世纪初在位的拉达马一世认为，西式教育体制对马达加斯加的政治和经济发展具有重要意义，因此致力于加强与欧洲国家的联系。他邀请英国传教士协会成员前往马达加斯加，指导皇室家族成员读书、认字及算术。[1] 1820年12月8日，英国传教士大卫·琼斯在塔那那利佛创立了第一所学校，课程用英语教授。随着学生数量的快速增加，学校也迁至面积更大的地方，名为罗瓦基地，学校名称也随之改为"皇家学校"。[2] 1822年，

---

[1] 资料来源于马达加斯加基础教育网站。

[2] ANDRIATSIMIALA M T. L'Etude du système educatif malgache comme moteur d'evaluation de l'education[D]. Antananarivo, 2016: 29.

传教士用拉丁字母转化了当地方言，首都塔那那利佛的方言被视为马达加斯加语言的官方版本。后来，英国传教士为马达加斯加创立了语法体系。1824年全国共建立了9所学校。到1827年时，全国共有38所学校和2 300名学生。[1]

拉达马一世结束其统治时，马达加斯加中部地区的较大城市均建立了学校，并有多名伦敦传教士协会的教师。拉达马一世的继任者，腊纳瓦洛娜一世对西方势力的影响持怀疑态度，因此决定驱逐外国人。但腊纳瓦洛娜一世对职业技术教育较为重视，所以允许传教士中的手工业者继续留在马达加斯加。此外，她还允许法国传教士拉博德于1832年5月在塔那那利佛附近开设了第一所武器作坊。后来，拉博德成为腊纳瓦洛娜一世的专业技术顾问。这标志着马达加斯加职业技术教育进入了起步阶段。[2] 1835年，腊纳瓦洛娜一世关闭了所有外国人的学校，并把所有传教士教师驱逐出境。同年，作为第一本用马达加斯加语出版的书，《圣经》被当作教材并广泛用于教学活动。

后来的三位继任者，拉达马二世、拉苏赫琳娜和腊纳瓦洛娜二世对教育都比较重视，大规模扩大教育系统的覆盖范围，对欧洲国家持开放态度，邀请各国使团前往马达加斯加重新开展教学活动，并允许传教士成立教会。这段时期，马达加斯加教育的主要目标是给学生传达社会规范守则，并教授其在生活社区内所需了解的知识。在腊纳瓦洛娜二世时期，马达加斯加的教育机构迅速增加，并成立了第一所医学院和第一所师范学校。教育机构从1868年的28所增加到了1869年的142所，到1870年时已达359所。随着教育机构数量的增加，学生人数也从1868年的1 700增加到了1869年的5 270，到1870年时达到了16 000。[3] 第一所医学院提供五年制的课程，

---

[1] RABESOA ARITAHINA A J. L'Education pour tous à Madagascar: approche historique[D]. Antananarivo, 2013: 5.

[2] RABESOA ARITAHINA A J. L'Education pour tous à Madagascar: approche historique[D]. Antananarivo, 2013: 6.

[3] RABESOA ARITAHINA A J. L'Education pour tous à Madagascar: approche historique[D]. Antananarivo, 2013: 9.

包括理论课程和临床练习。教师团队仅有三到四位欧洲教授以及一位英国大学毕业的马达加斯加医生。[1] 1872 年，马达加斯加建立了第一所师范学校，以更好地推动小学教育并提高该教育阶段的教学质量。该所师范学校与一所小学建立了合作关系，培养的师范生在毕业前均须到该小学实习一个月。1883 年时，马达加斯加成为撒哈拉以南非洲教育系统最发达的国家。

二、殖民时期的教育

受到葡、荷、英、法等国殖民主义者的相继侵略后，马达加斯加于1896 年沦为法国殖民地，直到 1960 年获得独立。这段时期的马达加斯加教育政策受制于殖民者，沿袭了法国的教育体制，包括其教育阶段、教师培训方式以及学生选拔方式等。

1896 年，随着法国殖民统治的开始，国家的教育目标也随着政局的变动而改变，其主要任务是巩固法国的殖民势力并为此培养足够的人力资源，比如口译员、教师、公务员、技术工人等，而培养马达加斯加的本土人才并不是学校教育的目标。马达加斯加当时的统治者加列尼认为国家有责任建立公立学校，并且殖民学校应该是政教分离的。[2] 1897 年，加列尼曾宣称："我不必知道你的宗教信仰是什么。天主教徒、穆斯林、新教徒或信奉祖先者，你们都可以坐在我们学校的长椅上，学习我们的语言，用法国闻名于世的布料打扮自己。你会学习如何爱，尤其是爱法国，你的新家园，成为熟练的工人和善良的耕作者。"[3]

---

[1] RABESOA ARITAHINA A J. L'Education pour tous à Madagascar: approche historique[D]. Antananarivo, 2013: 8.

[2] ANDRIATSIMIALA M T. L'Etude du système educatif malgache comme moteur d'evaluation de l'education[D]. Antananarivo, 2016: 11.

[3] RABESOA ARITAHINA A J. L'Education pour tous à Madagascar: approche historique[D]. Antananarivo, 2013: 12.

加列尼统治下的马达加斯加共有两种学校：面向拥有法国公民身份的儿童精英学校以及职业性质较强的原住民学校。殖民期间的前七年里，政府一共建立了 650 所原住民学校，其中近一半分布在沿海地区。[1] 殖民期间的学校教育主要以培养基本技能和提高法语能力为主，部分成绩优异的学生可以在通过选拔之后接受中学教育以期毕业后成为公务员，而无法读写法语的人则不能应聘公务员工作。[2] 到独立前夕的 1959 年，马达加斯加国内小学数量达 2 321 所，学生数量约为 369 894 人；中学数量为 30 所，学生数量约为 8 750 人；技术学校数量为 146 所，学生数量约为 6 174 人；高等院校仅有 3 所，学生数量约为 525 人。[3]

殖民期间，马达加斯加教育体制中的性别不平等现象较为明显。例如，小学阶段的课程中，虽然所有学生都学习画画，但是只有男生会上手工课以及与农业相关的课程，而女生只能上缝纫类课程。可以说，男性的教育目标主要是将其培养成为工业、农业和商业领域的重要劳动力，而女性的教育目标则更主要是将其培养成为家庭主妇、妻子与母亲。在可供选择的 23 个职业中，只有 2 个职业和女性有关：助产护士和裁缝，而只有寡妇、离婚妇女以及丈夫无工作能力的女性才有资格合法地申请其他种类的工作。[4]

---

[1] ANDRIATSIMIALA M T. L'Etude du Système Educatif Malgache Comme Moteur d'Evaluation de l'Education[D]. Antananarivo, 2016: 32.

[2] 资料来源于基础教育网站。

[3] 王建. 马达加斯加 [M]. 北京：社会科学文献出版社，2011：196.

[4] RAVELOMANANA-RANDRIANJAFINIMANANA. La politique coloniale scolaire vue à travers les programmes et les manuels de l'enseignement primaire à Madagascar 1896—1915, Université de Lyon, 1987: 375. que cité dans ANDRIATSIMIALA M T. L'Etude du système educatif malgache comme moteur d'evaluation de l'education[D]. Antananarivo, 2016: 13.

三、当代教育

（一）当代教育历史

马达加斯加取得独立之后，原有的教育体系维持了一段时间，但国家的独立也意味着教育事业不再为殖民者服务。独立后马达加斯加教育的主要目标是对青年进行道德、智力以及身体培训。

在第一共和国齐拉纳纳总统时期，马达加斯加继续使用和法国教育一致的教科书并聘用来自法国的教师。教学语言通常为法语和马达加斯加语，但法语仍占主导地位。从小学阶段看，免费义务教育政策得到了进一步落实。[1]成绩优异的小学生会接受额外的培训以帮助他们进入中学阶段。中学阶段主要分为初中和高中两部分。初中毕业生会得到初中毕业证书，而高中毕业生会被授予高中毕业会考证书。职业教育大致分为两类，一类是专业性较强的培训，如农业、手工业、工业和商业，另一类是教师和医护人员的培训（后者是通常在国家护士学校、助产学校、卫生护理学校以及塔那那利佛医生学校等）。

总体来讲，第一共和国时期的教育呈现出精英化的特征，同时也开始在教学内容本土化等方面进行探索。1972年，由于教学活动和国家当时的社会文化需求严重不匹配，学生们举行了多次抗议。动乱的状态最终导致了第一共和国的衰落以及新一轮教育改革的开始。

第二共和国期间，政府从三个方面对教育体制进行了改革，分别是教育民主化、教育管理权力下放、马达加斯加语的推广。体制改革的主要目的是逐渐淡化法国殖民历史的影响，逐步用马达加斯加语替代法语并夯实马达加斯加民族历史在教育体系中的重要地位，尤其要唤醒每个公民的

---

[1] ANDRIATSIMIALA M T. L'Etude du système educatif malgache comme moteur d'evaluation de l'education[D]. Antananarivo, 2016: 16.

"主人翁"精神、对国家发展的参与感和责任感。超过 30% 的国家预算被用于教育领域，包括学校建设、教师培养等。[1]

1978 年 7 月 17 日关于马达加斯加教育和培训总体框架的第 78-040 号法律对教育的本土化和地方问责制进行了规定。1983 年后，囿于结构调整计划的要求，马达加斯加教育事业可以获得的财政投资有所降低。1988 年，政府开启了《国家教学促进计划一期》，并在此规划下对教育体系进行改革，同时创立了教学研究机构。该机构的主要任务是完善小学和中学阶段教学规划的制定，教学工具的制作与宣传，对教学效果进行评估，改善学习与教学效率，以及在文化教育方面提供更完善的服务。

独立后的前 20 年里，虽然马达加斯加小学阶段的净入学率得到了明显增长，但教育质量仍难得到保障。[2] 据统计，1962 年时，6—14 岁的 133.54 万学龄人口中，只有 63.34 万人在上学，入学率为 47.4%。第二共和国期间，这一比率在 1975 年增加到了 52.1%（在 2 174 100 名学龄人口中，有 1 133 013 人在校就读），三年内的增长仅为 4.7%。接下来的五年内，小学入学率上升到了 1980 年的 76.7%，增加了 24.6 个百分点。[3]

1990 年 3 月，马达加斯加派代表出席了联合国儿童基金会、联合国教科文组织、联合国开发计划署及世界银行等机构在泰国宗迪恩举办的世界全民教育大会。大会通过了《世界全民教育宣言》。该宣言指出：发展和教育紧密相连；没有教育就没有发展；没有人们的有效参与，就没有发展；发展问题包括贫困、无知、营养不良、健康不佳、人口生产力低下等。该宣言强调绝对需要消除一切形式的贫困、苦难、文盲、无知等问题。秉承宗迪恩会议精神，马达加斯加政府以教育普及为宗旨，提出六大目标，以

---

[1] 资料来源于国际协力机构网站。

[2] Agence Japonaise de Coopération Internationale (JICA). Etude sur le secteur de l'Education de base en Afrique Madagascar[R]. Japon, 2015: 7.

[3] ANDRIATSIMIALA M T. L'Etude du système educatif malgache comme moteur d'evaluation de l'education[D]. Antananarivo, 2016: 35.

保证全国儿童、青少年以及成年人的基本教育需求。这六大目标包括：扩大学龄前儿童的照料和教育工作；在 2000 年前实现全民小学教育；提高教学效率；降低成年文盲率，尤其是其中的性别不平衡现象；扩大青年和成年需要的基础教育和技能培训；提高个人和家庭的教育收益，帮助他们获得提高生活质量所需的知识、技能和价值。[1] 为此，1992 年马达加斯加宪法在法律层面上认可所有人的受教育权。联合国等多个国际组织的援助和合作伙伴的增加也帮助马达加斯加政府在教育领域进行了多次改革。次年，为了更好地推进全民教育，马达加斯加成立了国家全民教育委员会，然而该机构并未起到重要作用。1994 年，马达加斯加在宗迪恩会议精神的框架下进一步明确国家教育事业的四个发展方向：提高小学教育和中等教育的教育收益率；提高教育普及率；拓展通过教育改善生活质量的途径；改善教育行政管理效率。

在第三共和国期间的 1995 年 3 月 13 日，关于马达加斯加教育和培训系统总体方向的第 94–033 号法律规定，幼儿园应被纳入 3 岁及以上儿童的义务教育系统，同时承认地方和社区在教育事务管理中的作用越来越大，并对技术和职业教育进行重新评估。[2] 在该法律规定下，教育和培训的主要目的是开发创新精神，提高创造力，提高文化审美以及拓展竞争精神、沟通能力和进取精神。此外，该条法案还认可了人们的受教育权，并指出教育培训有助于人民提高体育、知识、道德和艺术等方面的素质，为人民融入社会、促进经济和文化的发展做好准备。[3] 对于无法在公立教育部门接受教育的人来说，他们可以选择接受扫盲课程等成人教育，以获得最基本的生活技能，如阅读、写作和计算等。该法案下教育体系的结构与第二共和国

---

[1] République de Madagascar. National EFA 2000 assessment report first draft[R]. Antananarivo, 1999: 2.

[2] Agence Japonaise de Coopération Internationale (JICA). Etude sur le secteur de l'Education de base en Afrique Madagascar[R]. Japon, 2015: 7.

[3] 资料来源于联合国教科文组织网站。

大致相同，有四个教育层次，即小学、初中、高中和大学。该系统还包括技术和职业培训以及在高等师范学校提供的师资培训。不同之处在于语言政策：法语重新被作为教学语言。

1997 年，在世界银行的帮助下，在《国家教育改善计划》一期成果的基础上，《国家教育改善计划》二期得以通过，截止日期为 2015 年。同时，教育事务管理部门重组为三个中央部委，即中等教育和基础教育部、高等教育部、职业技术教育部。[1] 但直到 2000 年时，马达加斯加的教育状况仍不容乐观。

2000 年，联合国教科文组织等机构在达喀尔组织了世界教育论坛，论坛进一步强调宗迪恩会议上颁布的全民教育计划。根据达喀尔会议，马达加斯加政府在 2003 年制定《全民教育计划》，后又于 2004 年 7 月 26 日颁布了关于马达加斯加教育、教学和培训系统总体方向的第 2004–004 号法律，即 2004 年教育法。[2] 2006 年 11 月，政府颁布了名为《马达加斯加行动计划（2007—2012 年）》的五年计划。该计划主要以减贫为目标，教育事业的发展是其主要组成部分。该计划提出了国家教育的一些重要任务，比如培养在国际市场上具有竞争能力的劳动者；打造一个符合国际标准的、普及率高的以及高效的教育系统，以帮助学生发挥其创造力，实现梦想，从而保证马达加斯加可以成为一个有竞争力的国家；在各教育阶段努力缩减男女性别差异，并向所有儿童提供有质量的小学教育等。

2004 年教育法在 2008 年被修正。[3] 该法建立了全新的教育体制以替代旧的体制。旧的教育体制规定小学 5 年，初中 4 年，高中 3 年；新的教育体制规

---

[1] Agence Japonaise de Coopération Internationale (JICA). Etude sur le secteur de l'Education de base en Afrique Madagascar[R]. Japon, 2015: 8.

[2] Agence Japonaise de Coopération Internationale (JICA). Etude sur le secteur de l'Education de base en Afrique Madagascar[R]. Japon, 2015: 7.

[3] Agence Japonaise de Coopération Internationale (JICA). Etude sur le secteur de l'Education de base en Afrique Madagascar[R]. Japon, 2015: 7.

定义务教育阶段为期10年，其中小学7年和初中3年，而高中变为2年。该法还规定马达加斯加语是小学一年级至五年级的教学语言，而法语从一年级开始成为教学科目，并从六年级开始成为科学科目的教学语言。然而，由于政局动荡，该调整仅在一些学区进行了试点，并未得到广泛实施。[1]

2009年马达加斯加的政局动荡导致经济急剧下滑，教育领域的财政投入也大幅度减少。生活在贫困线以下的人口比例从2010年的75.3%激增至2012年的81%，目前达到92%，即每10个马达加斯加人中就有9个。[2]第四共和国成立后，政府于2015年1月提出了新的《国家发展策略（2015—2019年）》。自此，基础教育阶段的主要任务是通过打造一个国际化的教育体制以快速减少文盲数量，向所有儿童提供免费的高质量教育，提高受教育者的满意度等。据统计，2001—2013年教育投入占国内生产总值的比例起伏不定，在2009年政局动荡后长期低于3%（见表3.1）。[3]

表3.1 2001—2013年马达加斯加教育投入占国内生产总值的比例

年份	教育投入占比	年份	教育投入占比
2001	3.3%	2008	3.6%
2002	2.7%	2009	3.2%
2003	3.0%	2010	2.7%
2004	3.3%	2011	2.8%
2005	3.8%	2012	2.7%
2006	3.3%	2013	2.5%
2007	3.4%	—	—

[1] RAMANAMPIARIVOLA M. Problématique de la construction des compétences professionnelles desenseignants FRAM du primaire à Madagascar[D] 2018: 34.

[2] 资料来源于国际儿童权益保护网站。

[3] Ministère de l'Education Nationale. Évaluation nationale de l'EPT 2015[R]. Madagascar, 2015: 13.

由于马达加斯加会得到一定的外国援助等其他因素，从学生数量上来看，2004—2014 年教育领域还是取得了明显的成绩。学前教育阶段的学生人数从 132 504 增加到 285 530，平均年增长率为 8.9%；小学阶段的学生人数从 3 597 731 增加到 4 611 438，平均年增长率为 2.8%；初中阶段的学生人数从 486 239 增加到 1 146 264，平均年增长率为 10.0%；高中阶段的学生人数从 106 595 增加到 320 766，平均年增长率为 13.0%；职业技术领域的学生人数从 17 497 增加到 23 967，平均年增长率为 3.6%；高等教育阶段学生人数从 44 948 增加到 106 330，平均年增长率为 10.0%（见表 3.2）。[1]

表 3.2 2004—2014 年马达加斯加学生人数情况

教育阶段	学生人数		平均年增长率（2004—2014 年）
	2004 年	2014 年	
学前教育	132 504	285 530	8.9%
小学教育	3 597 731	4 611 438	2.8%
初中教育	486 239	1 146 264	10.0%
高中教育	106 595	320 766	13.0%
职业技术教育	17 497	23 967	3.6%
高等教育	44 948	106 330	10.0%

[1] République de Madagascar. Plan sectoriel de l'education (2018-2022)[R]. Madagascar, 2017: 48.

（二）当代教育体系结构

马达加斯加现行教育体制情况如图 3.1 所示。

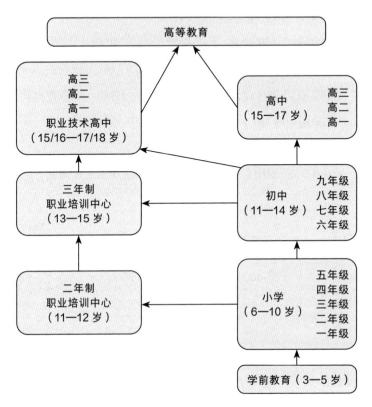

图 3.1　马达加斯加现行教育体制

马达加斯加现行的教育体制分为五个阶段 [1]，分别为学前教育、小学教育、中学教育（包括初中和高中）、技术教育和职业培训、高等教育。马达加斯加政府于 2014 年决定任命三个中央部委共同负责马达加斯加的教育事业，分别为国民教育部、高等教育和科研部、技术教育和职业培训部。国

---

[1] RAKOTOMANANA F al. Enfants hors l'école et analphabétisme à Madagascar: analyse des métadonnées et mesure[R]. Québec, 2020: 18.

民教育部负责学前教育、小学教育和中学教育，高等教育和科研部负责高等教育和科学研究，技术教育和职业培训部则负责职业技术教育。

学前教育机构包括公立小学学前班、社区启蒙中心、由教会或非政府组织管理的非营利性质的托儿所和幼儿园等。学前教育面向3—5岁儿童，目的是让孩子们在小学开始前就熟悉学习的节奏，不具有强制性。在马达加斯加，学前教育传播有限，并不十分普及。

小学教育是对6—10岁的儿童进行的义务教育。小学阶段结束时学生会获得小学毕业证书。考试通过的学生，可以在普通中学或技术教育和职业培训机构继续深造。初中教育为期4年，属于义务教育。学生在完成初中学习后可以获得相应证书，通过考试的学生有资格继续就读普通高中或职业技术高中。普通高中为期3年。普通高中生毕业时会获得高中毕业会考证书，持有此文凭的人可以申请继续接受高等教育。

马达加斯加的高等教育和世界大多数国家相同，学历学位教育主要包括本科、硕士和博士三个阶段。此外，部分高校还提供职业技术培训课程，包括短期培训和长期培训。

提供中等职业技术教育的学校主要有三类：一类是对于小学毕业生提供的两年制培训，完成该培训后学生可获得学习完成证书；一类是针对七年级的初中在读生以及已经获得了学习完成证书的学生，为期三年，学习完成后可以获得职业能力证书；最后一类是职业技术高中，面向拥有职业能力证书和初中毕业证书的学生，毕业后可根据课程的不同获得职业学校毕业证书、职业会考证书或技术会考证书。此外，也有部分机构提供高等职业技术教育培训。

除了正式的学校教育之外，人们还可以从家庭、社会机构、文化活动等获得学习体验。马达加斯加非正规教育以扫盲教育为主。学习地点可以是工作场所或者社会机构，且接受所有年龄、所有教育程度的学员。一般非正规教育的学习时间是不固定的，更多取决于参与者的实际需求。

第二节　教育人物

一、迪迪埃·拉齐拉卡

作为第二共和国总统，迪迪埃·拉齐拉卡总统致力于从三个方面对教育体制进行改革，分别是教育民主化、教育管理权力下放以及马达加斯加语的推广。为了推广马达加斯加语，拉齐拉卡总统在学校教育中逐步用马达加斯加语替代法语，并夯实马达加斯加民族历史在教育体系中的重要地位。此外，在拉齐拉卡总统的领导下，从20世纪70年代中期开始，马达加斯加逐步着手完善教育体制。

二、马克·拉瓦卢马纳纳

对马克·拉瓦卢马纳纳总统而言，教育事业是他执政期间的优先事项。他致力于提高正规和非正规教育的普及率和质量，要求对学校进行大规模的改造和扩建，同时推动数万名教师的招聘和培训工作。这些举措得到了世界银行和联合国教科文组织等机构的资金援助，也获得了法国、美国和日本等许多国家的赠款。在拉瓦卢马纳纳总统的领导下，马达加斯加接连通过了《教育加速计划》和《马达加斯加行动计划》，并推出了2004年新的教育法案。虽然由于2009年马达加斯加政局的动荡，《马达加斯加行动计划》被迫中断，新的教育法案也并未得到贯彻落实，但是这些教育政策为马达加斯加后续的教育事业发展奠定了重要基础。

第四章 学前教育

虽然学前教育阶段对儿童的成长非常重要，但是该阶段在马达加斯加的教育体制中长期以来并不受重视，尤其是和基础教育阶段及高等教育阶段相比，政府投入较少。因此马达加斯加的学前教育发展较为滞后，面临多重困难。近年来政府采取了一些措施，以期改善现状，达到促进该阶段儿童全面发展的最终目标。

第一节 学前教育的发展和现状

一、发展历程

马达加斯加的学前教育在法国殖民者到来前就已存在，学前教育机构均隶属于基督教机构，因此教学场所均在教堂内。在 20 世纪 40 年代，马达加斯加学前教育机构的数量约为 628 所。这些机构不收学杂费，[1] 但教师也没有薪资报酬。教师的收入来自当地政府和宗教机构的礼物或礼金，而且

---

[1] 资料来源于塔那那利佛大学图书馆网站。

他们不需要纳税或服兵役。直到独立前夕，学前教育才被纳入马达加斯加整体教育体系，接受国民教育部的管辖。1976 年，国家设立了学前班和社区启蒙中心等一系列学前教育机构，但这些机构的入学人数不超过同期 3—5 岁年龄组人口的 3%。[1]

1980—1990 年，马达加斯加政府和联合国儿童基金会开始合作建立公立的学前教育机构。该类机构通过大力鼓励家长和社区参与来降低教育成本，同时也逐步完善对学前教育教师的要求。例如，申请担任教师时，除了身份证件和出生公证之外，申请者还需递交学历学位证书、六个月以内体检报告、教师资格证、居住证明等一系列材料。[2]

1991 年，马达加斯加接受了联合国《儿童权利公约》，不断推进学前教育的发展。[3] 之后，拉瓦卢马纳纳总统将《马达加斯加行动计划》与国际货币基金组织与世界银行的《减贫战略文件》紧密相连，逐步提升教学质量，并尝试扩大教育覆盖范围。1995 年，政府对学前教育和小学教育间的衔接进行了规定。这些举措意味着马达加斯加在儿童教育阶段逐渐向国际通行政策与标准靠拢。

然而，2009 年马达加斯加的政治动荡导致政府对学前教育的投资大幅减少，前任政府留下的在 2012 年前实现 20% 的学前教育入学率的目标也随之被放弃。[4] 例如，2008 年后，政府开始向公立学前教育机构发放教学工具包，但是直到 2010 年，也只有 400 个公立学前机构收到了此类教学材料，仍有约 633 个公立学前机构没有收到。[5] 除了政治动荡之外，马达加斯加还面临着诸多社会问题，如高失业率、自然灾害（如干旱和飓风）和国际援助被暂停

---

[1] DJISTERA A A. L'enseignement préscolaire à Madagascar: État des lieux et défi au développement[D]. Madagascar: Université de Toamasina, 2021: 398.

[2] 资料来源于马达加斯加国民教育部官网。

[3] FOROWICZ M. Rights of the child in Madagascar[R]. Geneva: Organisation Mondiale Contre la Tortue, 2003: 3.

[4] PARK P. Possibilities and challenges in early childhood care and education in Madagascar access and parental choice in preschools in Toliara[D]. Oslo: University of Oslo. 2014: 7.

[5] Ministère de l'Education Nationale. Plan intérimaire pour l'education 2013-2015[R]. Madagarcar, 2012: 16.

等。这些问题使得政府在教育领域的资金投入受到了进一步的限制。2011—2014 年，政府推进了一项名为"全民学前教育"的项目并阐明，学前教育不应该是精英阶层的特权，而应属于每一个人。由于缺乏足够的资金，马达加斯加在幼儿发展方面与世界其他国家相比远远落后，而且趋势令人担忧。

二、发展现状

（一）学制

马达加斯加学前教育规划时长为三年，面向 3—5 岁的儿童，并根据其年龄分为小班、中班和大班。由于资源的限制，国民教育部更注重为 4—5 岁的儿童提供为期一年的公立学前教育，包括教学课程和社交活动等，以帮助儿童为接受小学教育做好准备。[1] 一年制的学前教育也更适用于偏远的农村地区或者家庭较为贫困的儿童。

学前教育阶段每学年分为三个学期。以 2020—2021 学年为例，秋季学期从 2020 年 10 月 26 日开始到 2020 年 12 月 23 日结束。圣诞节假期结束后，春季学期从 2021 年 1 月 4 日开始，于 2021 年 4 月 2 日结束。复活节假期通常持续 8 天。夏季学期从 2021 年 4 月 12 日开始，于 2021 年 7 月 30 日结束。[2]

（二）机构分类和数量

马达加斯加公立学前教育机构主要包括公立小学的学前班和社区启蒙中心等，其数量从 2006—2007 年的 195 个增加到 2014—2015 年的 4 382 个，

---

[1] 资料来源于马达加斯加国民教育部官网。

[2] 资料来源于马达加斯加新闻媒体官网。

即平均每年新建 523 个。[1] 国民教育部的统计显示，现有公立学前机构数
9 498 个（见表 4.1）。[2] 从表中可以看出，学前教育机构数量较多的大区，如
瓦托瓦维–菲图维纳尼大区和阿齐穆–安德雷法纳大区，均拥有一千多个学
前教育机构，而邦古拉瓦大区和梅纳贝大区内仅有不到一百个，特别是前
者，仅有 57 个，地区差距非常明显。大部分大区的学前教育机构的数量均
在 500 个以下。

表 4.1　马达加斯加各大区学前教育公立机构数量

大区	公立机构数量（个）
迪亚纳	264
萨瓦	176
伊塔西	163
阿纳拉曼加	772
瓦基南卡拉特拉	217
邦古拉瓦	57
索菲娅	931
布埃尼	120
贝齐布卡	191
梅拉基	129
阿拉奥特拉–曼古鲁	385
阿齐纳纳纳	351

[1] République de Madagascar. Plan sectoriel de l'education (2018-2022)[R]. Madagarcar, 2017: 63.

[2] 资料来源于马达加斯加国民教育部官网。

大区	公立机构数量（个）
阿纳兰伊鲁富	611
阿穆罗尼马尼亚	648
上马齐亚特拉	554
瓦托瓦维-菲图维纳尼	1 343
阿齐穆-阿齐纳纳纳	348
伊胡龙贝	122
梅纳贝	88
阿齐穆-安德雷法纳	1 212
安德鲁伊	637
阿努西	179
总数	9 498

此外，马达加斯加还有费用通常比较高的私立学前教育机构，以及其他国家或国际非营利组织设立的学前机构等，其中以法国、北爱尔兰等国际组织为主，且教学计划通常来自法国的学前教育体制。但这些机构的数量没有确切的统计数据。

（三）学生数量及入学率

从3—5岁儿童的学前教育入学人数上看，2005年前增速较为缓慢：从1995年的57 843人增加到2005年的132 503人。而2006—2018年，增速较为明显：从146 191增加到874 378人。同样的趋势也体现在学前教育入学率上。1995—2005这十年，入学率从4.5%增加到了7.5%，而2006—2018年入学率则大幅增加：从 8.1% 增加到 39.6%。[1] 2019 年学前教育入学率达 42.2%。[2]

此外，从性别上看，如图 4.1 所示，女童的学前教育入学率长期高于马达加斯加平均指标，而男童的学前入学率则长期低于平均水平。根据世界银行的调研，2018 年马达加斯加 51.73% 的学前教育阶段的学生是女生。[3]

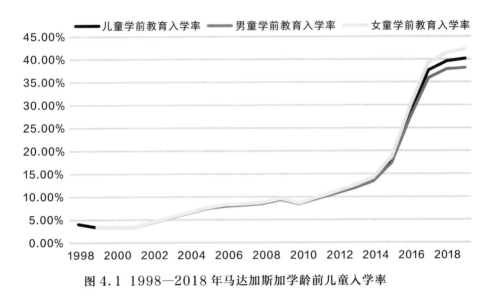

图 4.1 1998—2018 年马达加斯加学龄前儿童入学率

从学前教育机构的选择上看，2018—2019 年，学前教育阶段有 71% 的学生就读于公立机构。[4] 选择公立学前教育机构的家长通常经济条件不够理想，在选择学校时以性价比为主要考虑因素，而选择私立学前教育机构的家庭经济水平则较为良好，通常希望选择教学质量更高、使用法语进行教学授课的机构。不论家庭条件如何，所有家长共同的目标都是希望可以通过在儿童成

[1] DJISTERA A A. L'enseignement préscolaire à Madagascar: État des lieux et défi au développement[D]. Madagascar: Université de Toamasina, 2021: 402.

[2] 资料来源于世界银行官网。

[3] 资料来源于贸易经济网站。

[4] 资料来源于联合国教科文组织网站。

长早期教育上的投入帮助孩子在后续的学习和工作中获得成功。[1]

虽然不论是从入学人数还是入学率上看，学前教育阶段均取得了明显的发展，但是根据联合国儿童基金会的统计，时至今日，马达加斯加仍有近 1 300 000 名学龄前儿童没有接受过任何学前教育。[2]

（四）资金来源

学前教育在马达加斯加的政策中占有一席之位，但在实际工作中，尤其是财政预算中，学前教育获得的预算比例长期处于较低水平。2009 年马达加斯加政府经历的政治和经济危机导致财政资源持续下降，进而也影响了学前教育所能获得的财政支持。以 2008—2012 年为例，学前教育仅占马达加斯加财政支出的 0.3%。[3]

随着马达加斯加政府逐渐走上正轨，经济逐步开始稳定发展，学前教育所获得的财政投入也得到了相应增加。马达加斯加的学前教育现阶段能够获得约 6% 的国家预算，大约是非洲地区平均水平的三倍，但离联合国 10% 的目标仍有一定差距。此外，虽然马达加斯能够获得一些国际和国内私有部门的援助，但仅能覆盖约 20% 的学前教育机构以及 29% 的学前教育阶段的儿童，所占比重较小。[4]

---

[1] PARK J. Possibilities and challenges in early childhood care and education in Madagascar access and parental choice in preschools in Toliara[D]. Oslo: University of Oslo, 2014: 52.

[2] 资料来源于联合国儿童基金会。

[3] DJISTERA A A. L'enseignement préscolaire à Madagascar: État des lieux et défi au développement[D]. Madagascar: Université de Toamasina, 2021: 399.

[4] 资料来源于联合国教科文组织网站。

（五）学前教育的政策

2016 年，马达加斯加国民教育部正式推出了《幼儿教育中心框架文件》，强调了设立符合规范的学前教育机构的重要性，并建议国内所有学前教育机构满足国民教育部设立的标准，包括营业执照、合规的基础设施、合适的环境及卫生条件等。此外，该框架规定学前教育机构均须实行封闭性管理以保证儿童的安全。然而，以上规定并不具有强迫性，由各学前教育机构自行决定。若采取以上政策，相关机构需提交自我评估报告，并由大区评估委员会进行跟踪评估、总结及打分。[1]

第二节　学前教育的特点

一、依赖国际援助

马达加斯加学前儿童状况十分令人担忧。全球范围内，马达加斯加是五岁以下儿童发育迟缓率第四高的国家，比率高达 42%。[2] 2019 年，马达加斯加 86% 的儿童出生在贫困家庭中。囿于资金不足，马达加斯加社会保障体系仅能覆盖 5% 的极端贫困人口。由于政府财政预算有限，学前教育也非重点发展对象，只有 25% 的 2—4 岁儿童能在家庭成员的支持下进行学前学习，只有 15% 的 3—4 岁儿童参加了幼儿教育计划，[3] 近 60% 的 3—5 岁儿

---

[1] 资料来源于马达加斯加快报网站。

[2] DJISTERA A A. L'enseignement préscolaire à Madagascar: État des lieux et défi au développement[D]. Madagascar: Université de Toamasina, 2021: 404.

[3] 资料来源于联合国儿童基金会网站。

童没有接受过任何公立或私立的学前教育。[1] 马达加斯加高质量学前教育事业的发展仍依赖于各类国际组织。可以说，多渠道的国际参与是马达加斯加学前教育阶段的重要特点。国际组织参与的形式主要包括帮助开设学前班、建设基础设施和发放教学资料等。

联合国儿童基金会是马达加斯加学前教育阶段重要的国际合作者，主要贡献包括帮助创建学前班和提供学习资料等。2019 年，得益于联合国儿童基金会的资助，图利亚拉的小学开设了学前班，面向 6 岁以下儿童，学生人数约为 84 名，教师共有 4 名。联合国儿童基金会在伊法蒂公立小学中建设学前教室，可以接收 50 名儿童。[2] 书籍、文具、玩具等是幼儿必不可少的学习工具，却是学前班的稀缺资源。联合国儿童基金会不定期向儿童们提供这些学习用品。

除联合国儿童基金会外，还有一些其他非政府组织向马达加斯加提供各种类型的帮助。比如爱尔兰的阿萨姆基金会认为脱离贫困最好的方式是帮助儿童接受教育，因此近年来在马达加斯加建设教室、足球场、图书馆等以帮助儿童全方位发展，还会为学生提供他们所需的学习资源，包括铅笔、钢笔、笔记本、书包、黑板、粉笔等。法国非营利性组织扎扎克利帮助建设社区启蒙中心，并为师生们配备黑板、书架以及小桌子等，学生也会收到球拍、水彩笔和剪刀等课堂需要的材料。[3]

二、地区分化严重

马达加斯加教育预算的不足严重阻碍了学前教育事业的发展。各大区不

---

[1] 资料来源于马达加斯加日报网站。
[2] 资料来源于联合国教科文组织网站。
[3] 资料来源于马达加斯加儿童网站。

仅学前教育机构分布不均衡，而且教室数量差别也非常明显，如阿齐穆–安德雷法纳大区有 2 001 间教室，而邦古拉瓦大区仅可提供 142 间教室。[1] 教育资源不平衡会导致学前教育阶段入学困难。

不同地区之间的学龄前儿童入学率也有较大差距。例如阿穆罗尼马尼亚大区接受学前教育的 3—5 岁儿童的比例达 30%，而在萨瓦大区该数据仅为 3%。[2] 这种教育资源不平等现象在农村地区表现更为明显。在一些极端贫困地区，学生们甚至坐在地上学习，教室和机构的基础设施无法使用，办公设施也非常紧缺。虽然近年来政府已开始大力推进该阶段教育机构的建立，接受学前教育的学生数量也确有增加，但教育资源仍然非常不平衡，不足以满足不同地区的需求。

三、合格教师不足

首先，马达加斯加学前教育阶段合格的教师资源非常紧缺。学前教育机构的师生比与理想标准相比尚有一定差距。[3] 成为学前教育阶段的教师必须拥有初中毕业证书以及幼儿培训证书。

其次，除了教师队伍有待扩大之外，马达加斯加学前教育教师还面临着分布不合理的情况。由于学前教育机构以及相应阶段学生人数分布不平均，有时会出现部分学前机构仅有 50 多名学生，而其他学前教育机构学生数量可多达 150 多名，但是教师数量都为 4 名的情况。[4]

再次，大部分的学前教师在入职前很少能得到系统的高质量培训，且

---

[1] 资料来源于马达加斯加国民教育部官网。

[2] 资料来源于联合国教科文组织网站。

[3] 资料来源于教科文组织网站。

[4] République de Madagascar. Plan sectoriel de l'education (2018-2022)[R]. 2017: 64.

入职后也很难获得在职培训的机会。近 50% 的学前教师都是通过偶然的机会就职于学前教育机构。2019 年，学前教育机构中资质合格教师的比例为 43.765%。[1]

最后，公立学前教育机构中教师的缺勤率非常高。由于收入低，公立学前教育机构的教师经常会选择在其他私营机构工作或者身兼数职，这直接影响了学前教育阶段师资规模和教学质量。

第三节 学前教育的对策

整体上看，学前教育政策应根据一国的社会、文化、历史、经济、政治背景、学制结构和教育机构管理体制来制定，政府应从立法、预算和可持续性等角度开展工作以实现学前教育阶段的社会意义。

2020 年 12 月 11 日，由联合国、世卫组织、联合国儿童基金会和世界银行共同组织，由马达加斯加人口、社会保障和妇女发展部、国民教育部、公共卫生部、经济和财政部等中央有关部委参与的会议在首都塔那那利佛举行。在马达加斯加推进幼儿发展不仅可以保证儿童生存和茁壮成长，还可以改善人力资本并促进经济增长，从而在未来消除极端贫困现象。[2]

一、国家政策

为达到如上目标，马达加斯加政府通过了《马达加斯加教育计划（2018—2022 年）》，并对学前教育阶段提出了诸多目标，主要围绕以下三个

---

[1] 资料来源于世界银行网站。
[2] 资料来源于联合国儿童基金会网站。

方面：建立充足学前教育机构，推进平等学前阶段教育体制，开发学前教育阶段入学和评估机制。具体来说，包括如下内容：

（1）5岁儿童中接受学前教育（大班）的入学率应在2022年前达到34%，在2030年前达到92%，并在2022年前保证88%的大班学生在学前活动中心就读，12%的学生分布于社区启蒙中心；

（2）3—5岁儿童中有机会接受高质量学前教育的比例应在2022年前达到28%，在2030年前达到52.8%，以帮助他们更好地为小学阶段的学习进行准备；

（3）3—5岁的儿童中可以参与社区启蒙中心活动的比例应在2022年前达到8.7%，在2030年前达到22.2%，并将工作重点放在农村地区和偏远地区，同时向5岁儿童倾斜。[1]

二、具体措施

为了提高学前教育入学率，马达加斯加政府将扩大社区学前教育机构的数量，并尽可能地增加新的学前教育机构，同时增强与非营利性组织等的合作，以尝试覆盖偏远地区的儿童。

为了提高学前教学质量，政府计划每年培养两百名两年制学前教育大学生，并对现有学前师资队伍进行短期培训。

为了进一步解决预算短缺的问题，马达加斯加政府在接受联合国儿童基金会经济援助之外，还引入了一种新的经济来源：家长委员会收取的学杂费。家长委员会是由马达加斯加学生家长自发成立的全国性组织。该组织负责在全国各地以非常低的待遇招聘教师以照顾学龄前儿童，且不提供

---

[1] République de Madagascar. Plan sectoriel de l'education (2018-2022)[R]. Madagascar, 2017: 91.

正规合同、社保和在职培训，被招聘的教师也不需要具有相关资质。家长委员会一般会向学生家长收取每年 4 万阿里亚里的学杂费，并将此笔经费用于支付教师工资。[1] 2007 年，家长委员会聘用的教师每个月能获得的津贴为 27.5 美元，仅为正规事业编制教师的 3.1%。由于公立学前教育机构中学生家长经济上的不稳定，学费支付经常会出现滞后的情况，因此教师工资的发放也无法得到保证。有时教师由于无法获得工资而进行罢工，导致部分公立学前教育机构部分学生辍学。[2] 近年来，马达加斯加政府开始逐步将家长委员会聘用教师纳入正规公务员系统，但进展较为缓慢，覆盖人数较少且无法给予全年工资，通常仅能支付九个月的工资。虽然马达加斯加的经济发展水平和家长的薪资水平导致家长委员会并没有完全发挥其作用，但是该组织的存在仍然在一定程度上缓解了学前教育的压力，并弥补了部分政府的缺位。

为了提高学前教育阶段的管理效率，政府致力于加强国家、大区、县以及地方层面各级机构间的沟通效率，并寻找新的资金来源，以打造一个有力的沟通体系。[3]

对马达加斯加而言，学前教育事业的发展是其政治、经济和教育领域发展的重要基础。如果政府希望打造一个有竞争力的劳动力群体，更好地发展本国经济，那么学前教育就是一个无法跨越的过程。只有儿童接受完善的、高质量的学前教育，他们才更有可能顺利接受小学教育，并且在小学毕业之后掌握足够的技能和知识，以在全球化的工作和生活中获得更大的成功。

---

[1] PARK J. Possibilities and challenges in early childhood care and education in Madagascar access and parental choice in preschools in Toliara[D]. Oslo: University of Oslo, 2014: 52.

[2] PARK J. Possibilities and challenges in early childhood care and education in Madagascar access and parental choice in preschools in Toliara[D]. Oslo: University of Oslo, 2014: 52.

[3] République de Madagascar. Plan sectoriel de l'education (2018-2022)[R]. Madagascar, 2017: 15.

第五章 基础教育

在独立后最初几年，马达加斯加以拥有印度洋法语区最好的教育体系之一而自豪。但渐渐地，由于政治的动荡和贫困的加剧，马达加斯加基础教育阶段的发展难以为继。对此，政府采取了一系列举措，但其有效性仍有待观察。

第一节 基础教育的发展和现状

一、历史沿革

马达加斯加正式的学校教育开始于 19 世纪初。在拉达马一世时期，英国传教士大卫·琼斯于 1820 年 12 月在塔那那利佛创立了第一所学校。第一年仅有 3 名学生，第二年时学生数量增加到 22 人。第二所学校于 1821 年由牧师大卫·格里菲思创建，主要面向贵族家庭的儿童，共有 14 名学生。[1] 到 1829 年时，基础教育阶段的学校已有 38 所。由于腊纳瓦洛娜一世对西方

---

[1] ANDRIATSIMIALA M T. L'Etude du système educatif malgache comme moteur d'evaluation de l'education[D]. Antananarivo: Université d'Antananarivo Ecole Normale Supérieure, 2016: 30.

势力极力排斥，大部分传教士被驱逐出境，所以 1862 年时，学校数量不仅没有增加，反而有所减少。直到拉达马二世时期，马达加斯加的大门才重新对欧洲国家开放。[1]

1876 年时，马达加斯加政府通过了 101 条法律，规定所有 8—16 岁的青少年均有义务接受学校教育。[2] 然而，受制于多种因素，该政策无法落实。1908 年，马达加斯加第一所，也是唯一的一所公立教育机构——塔那那利佛男子初中成立。该校成立之初仅有 7 名学生，到 1911 年时，学生人数已迅速增加到 100 名。1918 年，学校名称改为孔多塞高中。[3] 1924 年，学校名称改为加列尼高中。

1960 年独立后，国家的基础教育呈现去殖民化、本土化和普及化的特点，小学教育的免费政策也得到了落实。到第二共和国时期，基础教育体制被系统地分为小学、初中和高中三个阶段。

二、发展现状

马达加斯加目前实行九年义务教育，[4] 分为两个阶段：面向 6—10 岁儿童的五年制小学阶段和面向 11—14 岁青少年的四年制初中阶段。[5] 义务教育的主要目标是帮助学生具备基础能力。取得初中毕业证书后，学生可以选择进入普通高中或接受初级职业教育。普通高中教育的主要目标是培养学生的综合能力，以帮助其做好接受高等教育的准备。

马达加斯加基础教育体制如表 5.1 所示。

---

[1] 资料来源于法国教育学院网站。

[2] RABESOA ARITAHINA A J. L'Education pour tous à Madagascar: approche historique[D]. Antananarivo: Université d'Antananarivo Ecole Normale Supérieure, 2013: 7.

[3] République de Madagascar. Plan sectoriel de l'education (2018-2022)[R]. Madagascar, 2017: 56.

[4] 资料来源于马达加斯加法院网站。

[5] République de Madagascar. Plan sectoriel de l'education (2018-2022)[R]. Madagascar, 2017: 56.

表 5.1 马达加斯加基础教育体制

教育阶段	年级	学生年龄（岁）
小学教育	一年级	6
	二年级	7
	三年级	8
	四年级	9
	五年级	10
小学毕业证书		
初中教育	初中一年级	11
	初中二年级	12
	初中三年级	13
	初中四年级	14
初中毕业证书		
高中教育	高中一年级	15
	高中二年级	16
	高中三年级	17
高中毕业会考证书		

在小学、初中和高中阶段，每学年分三个学期：秋季学期、春季学期、夏季学期（或者叫第一学期、第二学期、第三学期）。

联合国教科文组织 2020 年组织的调查结果显示，马达加斯加小学生的辍学率较高，达 33%。一旦学生进入初中阶段，学生进入最后一年的概率将会达到 73%，而那些升入高中的学生有 87% 的概率进入最后一年。[1] 从性别上看，5—14 岁年龄段中失学男生的比例高于女生，但女生在 15 岁以后失学的可能性更大。[2] 从城乡区域对比看，城镇地区 70%—80% 的小学生可

---

[1] 资料来源于联合国教科文组织网站。

[2] 资料来源于联合国教科文组织网站。

以从小学毕业并进入初中一年级学习，而农村地区仅有 40%—50% 的小学生可以成功升学。[1]

（一）小学教育

马达加斯加的小学教育为五年制，从一年级至五年级，针对 6—10 岁的儿童。学生在五年级结束时可以参加毕业考试。参加小学毕业考试的考生在报名时需要提供录取书、出生公证证明以及学籍证明等文件。最大的年龄限制为 18 岁。[2]

21 世纪初，马达加斯加适龄儿童入学人数逐年增加，从 2004—2005 年度的 360 万增加到了 2014—2015 年度的 470 万，十年内平均每年增加 2.8%。[3] 2018 年小学生数量达到了历史最高点——486 万。次年，该数值缓慢下降至 465 万。[4] 马达加斯加小学阶段的毛入学率在 2005—2018 年长期保持在 145% 左右。[5] 2019 年，毛入学率出现了轻微下滑，降至 134%。[6] 尽管小学入学率有了长足进步，但目前仍有大约 13% 的儿童因为费用短缺等问题无法接受学校教育。[7]

马达加斯加的小学可以分为两个阶段：一、二年级为第一阶段；三、四、五年级为第二阶段。从教学课程安排上看，第一阶段共有 10 门课程，第二阶段共有 14 门课程。两个阶段的课程设置及每周时长见表 5.2。

---

[1] République de Madagascar. Plan sectoriel de l'education (2018-2022)[R]. Madagascar, 2017: 66.

[2] 资料来源于马达加斯加国民教育部网站。

[3] République de Madagascar. Plan Sectoriel de l'Education (2018-2022)[R]. Madagascar, 2017: 65.

[4] 资料来源于世界银行网站。

[5] 毛入学率是指某一级教育不分年龄的在校学生总数占该级教育国家规定年龄组人口数的百分比。由于包含非正规年龄组（低龄或超龄）学生，毛入学率可能会超过 100%。

[6] 资料来源于世界银行网站。

[7] République de Madagascar. Plan sectoriel de l'education (2018-2022)[R]. Madagascar, 2017: 65.

表 5.2 马达加斯加小学阶段课程设置及每周时长（小时）

科目	一年级	二年级	三年级	四年级和五年级
马达加斯加语	8	7	6	6
法语	6	6	6	6
数学	5	5	5	5
思想品德	1.5	1.5	1.5	1.5
体育	1	1	1	1
记忆	$1\frac{1}{3}$	$1\frac{1}{3}$	$\frac{5}{6}$	$\frac{2}{3}$
艺术（唱歌、跳舞、音乐）	1	1	$\frac{1}{3}$	$\frac{1}{3}$
绘画	1	1	$\frac{1}{3}$	$\frac{1}{3}$
文体活动	$1\frac{2}{3}$	$1\frac{2}{3}$	$1\frac{2}{3}$	$1\frac{2}{3}$
运动和情感教育	1	2	1	1
地理	—	—	1	1.5
历史	—	—	1	1
常识	—	—	1.5	1.5
书法	—	—	$\frac{1}{3}$	—
合计	27.5	27.5	27.5	27.5

　　在小学的两个阶段中，有些课程从一年级一直延续到五年级（如法语课和体育课），但有些课程是三年级起开始增加的（如地理课和常识课）。在一、二年级阶段，除了法语课，其他所有课程都使用马达加斯加语教授。从三年级开始，算术、地理和常识三门课开始使用法语作为主要教学语言。

　　小学课程的要求随年级增长呈螺旋式上升。以法语课程为例，小学一年级时学生需要学会区分并理解简单的发音，能够用法语说出身边的物体和家人；三年级时，学生应可以描述不同时间、不同地点的事情，理解相应的文本意思；而到五年级时，学生应可以流利地使用法语进行口头和笔头练习，同时在生活中熟练地使用法语并通过法语进一步了解文化。再以体育课为例，一年级学生需要养成基本的卫生习惯；二年级时，学生开始接触合作关系与竞争关系，并尝试安装及收纳相关体育用品，在此过程中学会处理好与同学的关系；三年级和四年级的学生需要在不同运动项目中学会组成团队进行合作，理解运动前热身和运动后拉伸的重要性，并了解不同项目的基本规则；到五年级时，学生则需要开始自行组织体育活动，并在此过程中学会融入集体，了解并接受体育规则，进而获得多样化的运动技能。

在小学第二阶段增加的课程中，以时长占比较高的常识课为例。常识课一般每周 1.5 小时，被认为是提高生活质量的重要工具。通过常识课的学习，学生应在小学毕业时掌握基本的与人、生活以及环境有关的知识，对动物、植物和矿物资源有一定了解，并学会在生活中使用其在课堂上学过的科学概念，同时找到生活的意义。

小学阶段教育的主要目标包括：培养儿童理解他人意见的能力、清晰简洁的沟通能力以及总结讨论要点的能力等。需要注意的是，由于各小学可调动的资源不同，学生分布不平均，各学校的教学时长会有变化，具体的教学时长因不同地区和不同学校而异。在部分条件不理想的学校，每周教学时间仅为 25 小时。

（二）初中教育

马达加斯加的初中为四年制，面向拥有小学毕业证书且通过初中入学考试的学生。完成四年初中学习并通过毕业考试的学生可以获得基础教育阶段的初中毕业证书。只有获得了该证书的学生才可以继续接受下个阶段的教育。中考成绩分为两部分：平时成绩和毕业考试卷面成绩。相关部门根据总分来判定学生是否能够取得初中毕业证书。

马达加斯加的初中学校大部分为公立性质，且公立初中学校数量的增长速度高于私立初中学校。2004 年时，公立初中学生数量为 281 322 人，私立初中学生数量为 204 917 人。到 2014 年时，公立初中学生数量增长到 709 425 人，私立初中学生数量增长到 447 563 人。[1] 马达加斯加初中阶段的入学率从 2004 年的 27.5% 增加到了 2013 年的 49.8%，和非洲同等收入国家的入学率相差不大。[2]

马达加斯加初中阶段课程主要包括马达加斯加语、法语、英语、公民教育、历史、地理、数学、物理、自然科学以及体育等。和小学阶段相比，取消了常识、绘画、艺术、书法等课程并增加了多门学科性更强的科目，如公民教育、物理、自然科学等。从课时量上看，法语、数学和马达加斯加语三门课程课时量较大，而体育、历史和地理所占课时量则较少，见表 5.3。[3]

表 5.3 马达加斯加初中阶段课程设置及时长（小时）

科目	初一	初二	初三	初四
马达加斯加语	4	4	4	4
法语	5	5	6	6
英语	3	3	3	3
公民教育	2	2	2	2
历史	2	2	2	2
地理	2	2	2	2

---

[1] République de Madagascar. Plan sectoriel de l'education (2018-2022)[R]. Madagascar, 2017: 69.

[2] République de Madagascar. Plan sectoriel de l'education (2018-2022)[R]. Madagascar, 2017: 68.

[3] 资料来源于马达加斯加国民教育部网站。

科目	初一	初二	初三	初四
数学	4	4	5	5
物理	2	2	4	4
自然科学	3	3	3	3
体育	2	2	2	2
总计	29	29	33	33

　　和小学阶段相比，初中阶段保留了法语和历史等课程，但课时有所变化，教学目标也有提升。以法语为例，初一年级和初二年级以掌握生活中所需的基本口语能力和写作能力为教学目标。和小学阶段简单的语音和书写练习不同，初中阶段学生需要拥有自主阅读法语文本以及在不同环境下使用法语的能力。除了上述课程安排之外，初中的法语课还加入了每周一小时的实践课程以提高学生的法语应用能力。

　　公民教育课是初中阶段新添加的科目，每周的教学时间约为两小时。这门课程的教学目标是：帮助学生在其家庭和社区内运用学到的社会规则；明确作为一名学生和一位公民的权利和义务；了解国家各政府部门的职责及其之间的关系；明白国际关系运行机理；列出区域问题、国家问题以及各类环境问题及其解决方案；有效地履行各类行政手续等。具体到每一学年来看，初一年级的学生应该明白家庭生活、学校生活以及社会生活中分别应该遵守的规则，同时了解国家面临的环境问题并知晓其原因；初二年级学生应该对学校和社会生活中的问题进行分析，了解各社会机构的职责与组织并对环境问题进行讨论；初三学生应该在往年学习的基础上了解生活中的各方面问题，如婚姻、税收、人口统计等，学习国家机构的运行机理并参与环境治理，毕业前学生还应该学习选举的运行方式，不同国际关系的形式和原则以及当今世界重要的环境问题等。

整体上看，马达加斯加政府希望所有的初中生在毕业时可以具备以下能力：使用不同的方式对自然现象进行观察和解读；理解各类社会、政治以及经济现象的演变；理解并欣赏马达加斯加文化和价值观；能够在日常生活中正确使用马达加斯加语；学会用法语交流并在不同的教学场景中正确使用法语；能用英语进行口头和笔头交流；明白作为有责任心的公民应承担的义务以及可享受的权利；养成思辨能力和包容能力；拥有创造性思维能力并且可以高效地运用学到的知识；明白学生所生活的大区在马达加斯加的社会经济发展中所处的地位；了解国际形势；创立并管理小型企业。[1] 拥有如上能力将有助于初中毕业生们更好地应对复杂和多元的世界，拓展创造力，进而更好地融入社会并助力于国家发展。

（三）普通高中教育

马达加斯加的普通高中为期三年。完成高中学业并通过会考的学生可以获得高中毕业会考证书。学生根据选择的方向不同需要获得平均分数达10分及以上（或四舍五入到10分）的成绩才可以获得高中毕业会考证书。该证书允许学生接受高等教育或者接受高等职业技术教育。马达加斯加国民教育部对高中各年级各学科的培养目标和教学内容均做出了非常细致的规划，并公开在国民教育部官方网站上供教师、学生、家长和学者参阅。

马达加斯加高中学校（包括公立和私立等）学生数量在2004—2014年从105 695人增加到了350 464人，入学率分别为9.2%和21.6%，平均增长率为12.6%。其中，私立高中学生数量从2004年的52 595增加到了2014年的177 134，分别占学生总数的49.8%和50.5%，分布较为平均。[2] 从学生性

---

[1] 资料来源于马达加斯加国民教育部网站。

[2] 中华人民共和国商务部. 马达加斯加概况 [EB/OL].（2019-07-19）[2021-07-01]. http://mg.mofcom.gov.cn/article/ddgk/201907/20190702884874.shtml.

别上看，男生和女生的比例较为平均，略向男生倾斜，高中女生的比例长期保持在 49% 和 50% 之间。高中学生的毕业率从 2004 年的 6.4% 增加到了 2014 年的 16.3%，增幅较大。[1]

马达加斯加高中在传统体制下，从高二开始分为三个方向，分别为方向 A（文科方向）、方向 C（侧重于数学、物理等）以及方向 D（侧重于生物和地理）。每个方向的课程设置大体上相同，但是不同课程的课时分配略有不同。2018 年，马达加斯加高中政策有所调整：新方向的课程更侧重于社会科学的学习，包括企业管理、经济学以及社会学等；高中培养方案中加入了新课"高中公民教育课"；方向 A 改为文科方向 L（课程设置不变），方向 C 和方向 D 被取消并融入新的理科方向 S，引入了一个新的方向——ES/OSE（组织—社会—经济）；学生选择方向的时间也发生了改变，即高中生们从高一开始就可以在文科方向（L）、理科方向（S）、第三方向（ES/OSE）间进行选择。[2] 由于该政策较新，尚无完整的官方政策性文件，因此马达加斯加国民教育部网站中高中阶段的课程安排仍以旧体制为主，见表 5.4。

表 5.4 马达加斯加高中课程设置及时长（小时）

科目	高一	高二			高三		
		方向 A	方向 C	方向 D	方向 A	方向 C	方向 D
马达加斯加语	4	4	4	4	4	4	4
法语	6	6	6	6	6	6	6
英语	3	4	2	2	4	2	2

[1] République de Madagascar. Plan sectoriel de l'education (2018-2022)[R]. Madagascar, 2017: 70.

[2] 资料来源于马达加斯加国民教育部网站。

续表

科目	高一	高二			高三		
		方向 A	方向 C	方向 D	方向 A	方向 C	方向 D
历史	2	2	2	2	2	2	2
地理	2	2	2	2	2	2	2
数学	5	2	6	5	2	8	6
物理	5	2	4	4	2	5	5
自然科学	4	2	3	5	2	3	5
哲学	—	—	—	—	6	4	4
体育	2	2	2	2	2	2	2
第二外语	4	4	—	—	4	—	—
总计	37	32	31	32	36	38	38

高中课程主要包括马达加斯加语、法语、英语、历史、地理、数学、物理、自然科学、体育和哲学等。和初中阶段相比，大部分课程较为相似，但取消了公民教育，添加了哲学、自然科学和第二外语这三门新课。其中哲学在高三开设，第二外语在高一年级面向全体学生，但是在高二和高三年级仅为文科方向的学生（方向 A）开设。

从课程设置上看，所有学生的马达加斯加语、法语、历史、地理和体育的课程时长均一致。和理科方向（方向 C 和方向 D）的学生相比，文科方向（方向 A）的学生每周多上 2 小时的英语课和 4 小时的第二外语课，并在高三时多上 2 小时的哲学课；而理科方向学生的数学、物理和自然科学课所占课时更多，其中方向 C 的学生的数学课在高二时比文科生多 4 个小时、高三时多 6 个小时，而方向 D 的学生的自然科学课时比文科方向的学生多 3 小时。

所有课程中，法语的课时最长。高中阶段法语课的目标是学生在高中结束时可以熟练掌握中学阶段所学的法语知识，在课堂和生活不同场合中熟悉不同类型的话语体系，包括媒体或各类文化活动等，为进入职业生活和大学学习做好准备并丰富个人对法语世界文化的掌握。更具体的目标是，高一年级学生应具备的能力包括使用常规和个人化的缩写与符号做笔记，对相关活动、工作、著作等进行口头或书面报告，以连贯、简洁和详尽的方式表达所讲的内容，自主阅读，并有能力将语言用于多种用途。高二年级学生除了如上能力外，还应可以用法语向特定的受众解释特定领域的事实和问题，在小组讨论中口头提出自己的观点及论据，按给定主题撰写论文。高三年级学生则需要具有口头和书面总结的能力，用法语进行演讲和辩论。

哲学是高中阶段新加入的课程。这门课程的培养目标是帮助学生在课程结束时成为具有反思能力的公民，能够对实际事件进行批评、分析和总结，以及在社会中明确自我定位。哲学课的课程内容共分为三部分。第一部分主要包括哲学的定义、研究方法、价值和必要性，将哲学学科和其他学科联系起来，并在现实生活中进行哲学反思；第二部分进一步强调学生应将哲学思维方式运用到现实生活中；第三部分侧重从存在的角度将人作为哲学思辨的来源和目的。

根据马达加斯加国民教育部的规划，高中毕业生应当在毕业时具备如下能力：用科学的方式解读自然和心理现象；深入思考能力；解释国家重要的社会、政治和经济现象的原理机制；理解并欣赏马达加斯加和其他国家的文化；在口头和笔头上用马达加斯加语、法语以及英语表达想法；尊重国际认可的重要原则和权利；成为有责任心的公民；具备一定的自主能力；有创造性地、理智地使用学习到的知识；明确马达加斯加在世界经济、政治和文化发展中的角色；积极有效地和其他公民一起解决社区中的日常问题和环境问题以促进可持续发展；创立并管理小型企业；管理当地社会组织。

第二节 基础教育的特点

一、私立机构扮演重要角色

20 世纪 90 年代后，私立机构在马达加斯加的基础教育阶段中扮演着越来越重要的角色，特别是在初中和高中阶段，公立教育机构在小学阶段仍占主体地位。

（一）基本数据

以 2014—2015 年度为例，从学生人数上看，小学阶段私立机构学生人数为 884 896，占总人数的 18.58%，公立机构的学生人数为 3 878 628，占总人数的 81.42%；初中阶段私立机构的学生人数为 447 563，占总人数的 40.21%，公立机构学生数量为 665 390，占总人数的 59.79%；高中阶段私立机构的学生人数为 177 134，占总人数的 50.54%，公立机构的学生人数为 173 330，占总人数的 49.46%。[1] 从学生性别上看，小学阶段公立机构女生人数为 1 927 145，占该阶段女生总数的 81.4%；初中阶段公立机构的女生人数为 329 341，占该阶段女生总数的 59.1%，而高中阶段大部分女生家长则倾向于将女儿送往私立高中就读。[2] 从学校数量的比例上看，私立初中占总数的 57%（3 008 所），私立高中占总数的 73.6%（1 056 所）。[3]

上述数据说明，不论在学生人数还是学校数量方面，小学阶段公立机构占主要地位，初中阶段私立机构地位逐渐上升，而到高中阶段私立机构

---

[1] République de Madagascar. Plan sectoriel de l'education (2018-2022)[R]. Madagascar, 2017: 71.

[2] République de Madagascar. Plan sectoriel de l'education (2018-2022)[R]. Madagascar, 2017: 72.

[3] République de Madagascar. Plan sectoriel de l'education (2018-2022)[R]. Madagascar, 2017: 71.

则开始扮演重要角色。

国民教育部对私立教育机构的管理较为宽松。例如，在私立教育机构学习的学生参加并通过国家统一考试这个前提下，各私立机构可以自行设置课程；私立教育机构的开学和放假日期较为灵活，可以早于或晚于公立教育机构设定的日期。

（二）现象成因

小学阶段，学生家长之所以选择私立学校主要是由于他们希望其后代可以拥有良好的学习基础，而公立小学中能够取得小学毕业证的比例低于75%，因此很多家长缺乏对公立学校的信心。[1] 此外，大部分选择公立小学的家长经济条件不太理想。

初中阶段，由于公立机构的承载能力有限，很多家长只能选择将孩子送往私立初中。

高中阶段和初中阶段类似，由于公立高中数量非常有限，家长们通常并没有太多选择，只能将孩子送往私立高中。

（三）分布不均

马达加斯加的私立教育机构遍布全国。2017 年 4 月的调查显示，全国共有 8 472 所私立教育机构，多集中在中部高原地区，尤其是阿纳拉曼加、上马齐亚特拉和伊塔西这三个大区。如阿纳拉曼加大区共有 2 488 所私立教育机构，上马齐亚特拉大区共有 656 所，伊塔西大区共有 614 所。然而，马达加斯加境内仍有多个大区教育资源非常短缺。[2]

---

[1] République de Madagascar. Plan sectoriel de l'education (2018-2022)[R]. Madagascar, 2017: 72.

[2] République de Madagascar. Plan sectoriel de l'education (2018-2022)[R]. Madagascar, 2017: 74.

二、借力国际组织

除了政府投入之外，马达加斯加教育部门也大力从国际组织借力来提高基础教育阶段的总体水平，主要通过接受资金援助、基础建设、教学材料、教学培训等方式，其中最大的协助方为世界银行集团和全球教育伙伴关系组织。

世界银行集团和全球教育伙伴关系组织于 2018 年 3 月 29 日向马达加斯加提供了总额约为 1 亿美元的资金，用于支持马达加斯加的教育改革计划。其中世界银行国际开发协会捐赠了 5 500 万美元，全球教育伙伴关系组织捐赠了 4 570 万美元。[1] 这笔资金是迄今为止用于支持马达加斯加教育总额最高的资金。该资金有多种用途，例如改善公立学校小学前两年的状况，并将小学前两年的学生复读率降低到每年不超过 12%；与当地社区合作建造 800 间配有卫生间、自来水、家具的教室，提高出勤率、降低辍学率并更好地帮助儿童为上学做好准备；培训 3.5 万名小学教师、6 500 名学前教育工作者、4 000 名社区学校董事会成员和 2 万名学校董事和地方主管。[2]

在教师培训方面，梅里埃克斯基金会驻马达加斯加办事处于 2020 年举办了为期三天的小学教师培训项目，并向小学师生捐赠了健康卫生包（一种互动式教育工具）。该举措旨在通过寓教于乐的形式培养学生健康的卫生习惯，以保护儿童及其家人免受疾病的侵害。为期三天的培训结束时，超过 1 014 名教师将能够在之后的工作中与学生一起使用这些健康卫生包。[3] 为了覆盖到尽可能多的儿童，这些工具包有法语和马达加斯加语两个语种的纸质和数字版本。

---

[1] 资料来源于世界银行网站。

[2] 资料来源于世界银行网站。

[3] 资料来源于梅里埃克斯基金会网站。

第三节 基础教育阶段的挑战和对策

一、多重困难

整体上看，小学、初中和高中三个阶段面临的问题较为一致，主要体现在留级率和辍学率较高、教学效果不够理想和教育资源不足等方面。

（一）留级率和辍学率较高

在马达加斯加基础教育发展的过程中，留级率和辍学率是重要的衡量指标。

马达加斯加小学第一年的留级率在撒哈拉以南非洲地区最高，[1] 约40%的小学生在小学最后一个年级之前就辍学了。[2] 以2013—2014年度为例，每五个小学生中就有一个留级。2013年，完成小学学业的学生比例为68.7%；2014年，该数值为69.3%。[3]

初中阶段平均15%的留级率以及平均11%的辍学率导致该阶段有28%的资源被浪费。[4] 2008—2012年，初中毕业率从27.5%增长到36.3%。

高中阶段最高年级的留级率较高。以2013—2014年度为例，高三毕业班学生的留级率为23%，同年度高一年级的留级率为7%，高二年级的留级率为6%。可见高中阶段，尤其是前两年，各类资源利用率较高（可达86%），但是最后一年资源浪费现象较为严重。[5]

---

[1] 资料来源于世界银行网站。

[2] République de Madagascar. Plan sectoriel de l'education (2018-2022)[R]. Madagascar, 2017: 65.

[3] République de Madagascar. Plan sectoriel de l'education (2018-2022)[R]. Madagascar, 2017: 66.

[4] République de Madagascar. Plan sectoriel de l'education (2018-2022)[R]. Madagascar, 2017: 69.

[5] République de Madagascar. Plan sectoriel de l'education (2018-2022)[R]. Madagascar, 2017: 70.

儿童辍学的因素是多层面的。家庭层面上，家庭经济困难，家长对教育直接好处的认识不足，再加上农牧活动的需要，是导致儿童尤其是男孩辍学的重要原因。学校层面上，学习成本高、距离学校远、学习周期不完整、教育阶段不连续、教师资质低等因素，是学生辍学的主要原因。多数辍学儿童生活在农村地区或南部和西南部的某些地区。[1] 尽管教育事业被纳入国家发展计划，但马达加斯加多年来一直没有采取明确的行动将计划转为事实。[2] 新冠疫情对马达加斯加的基础教育也产生了较大影响。疫情期间，联合国教科文组织驻马达加斯加办事处于 2020 年对该国辍学儿童进行了调研。调研结果显示，22%—27% 的小学适龄儿童、30%—40% 的初中适龄青少年及超过 60% 的高中适龄青少年均没有机会接受学校教育，共涉及 317.7 万—363.7 万名儿童和青少年。[3]

（二）教学效果不理想

马达加斯加的基础教育面临的第二个挑战是教学效果不理想。

小学毕业生在马达加斯加语、法语以及数学科目上的成绩都有所降低。以 2005—2012 年的成绩为例，马达加斯加语分数降低了约 13%，法语成绩降低了约 14%，数学成绩降低了约 22%。该现象反映出学生在学习部分课程中遇到了较大困难，在一定程度上反映出教师的整体教学水平有所下降。[4] 分数降低的部分原因是法语水平限制了部分学生对课程的吸收程度。由于法语成绩不够理想，三年级之后使用法语授课的课程难度也随之加大。[5]

初中阶段，很多学生的多门课程成绩均不理想。以 2010 年的全国中考

---

[1] 资料来源于联合国儿童基金会网站。

[2] 资料来源于法国国际广播电台网站。

[3] 资料来源于联合国教科文组织网站。

[4] République de Madagascar. Plan sectoriel de l'education (2018-2022)[R]. Madagascar, 2017: 66.

[5] République de Madagascar. Plan sectoriel de l'education (2018-2022)[R]. Madagascar, 2017: 66.

为例。全国 114 个学区中有 81 个学区的学生在初中三门基础课——马达加斯加语、法语和数学——中前两门的平均分分别为 9.8 分（满分 20 分）和 8.2 分（满分 20 分），而数学是大部分初中生成绩最差的课程，近一半学生的平均分不到 6 分。[1] 整体上看，大部分取得初中毕业证书的考生在法语课和数学课的考试中均没有及格（部分科目未及格不影响毕业证的获取）。因此可以说，仅仅是取得初中毕业证书并不意味着学生具备应有的法语和数学能力。随着小学毕业生人数的增加，初中阶段的教学质量面临更大的挑战。

高中会考成绩可以从一定程度上反映出高中阶段的教学质量。长期以来高中会考通过率均在 40% 左右。2008—2014 年，高中会考中大部分文科科目的平均分为 8—12.25（满分 20），理科科目的平均分则维持在 8.5—10.75。[2]

（三）教育资源不足

马达加斯加基础教育面临的第三大挑战是高质量教育资源的严重缺乏。政治和经济危机导致国家财政资源持续减少，家庭经济显著恶化，与教育相关的直接和间接成本大幅增加。虽然时有国际援助，但问题无法从根本上解决。马达加斯加高质量教育资源的严重缺乏主要表现在教师资源和教学资源上。

1. 缺乏教师资源

马达加斯加小学阶段严重缺少教师。虽然小学阶段教师人数持续增加，从 1971 年的 14 424 名增加到了 2019 年的 126 649 名，增加了近 10 倍，[3] 师

---

[1] République de Madagascar. Plan sectoriel de l'education (2018-2022)[R]. Madagascar, 2017: 69.

[2] République de Madagascar. Plan sectoriel de l'education (2018-2022)[R]. Madagascar, 2017: 70.

[3] 资料来源于世界银行网站。

生比也从 1971 年的 1：65 上升到了 2018 年的 1：40，但是仍然处于较低水平。此外，教师缺勤现象也较为严重。2015 年的调查显示，每 100 名教师编制中只有 61 名在从事日常教学工作，8 名没有进行教学，31 名缺勤。初中阶段的师生比在 2017 年之前长期保持在 1：21 以下，并在 2018 年时升至 1：20。虽然初中教师数量看似没有明显不足，但是缺乏持有教师文凭的有资质教师。这一现象会直接影响教学效果以及学生的考试表现。高中阶段的师生比和小学阶段相比较高，长期保持在 1：20 以上。[1] 虽然全国范围内的师生比从 2005 年的 1：57 上升到了 2014 年的 1：44，但教师资源分布不均，仍有部分地区严重缺少教师，如阿齐纳纳纳大区的师生比则低至 1：78。[2]

学校不仅缺乏教师，部分上岗教师甚至没有达到应有的水平，岗位培训也十分滞后，该现象在小学阶段较为突出。大部分公立小学的事业编制教师和社区教师均没有接受过长期的教学法培训，也没有相应的教学资格证书。2013—2014 年合格教师占教师队伍的份额仅为 18.7%。通常情况下，只有拥有正式事业编制的教师才有机会接受入职培训和继续教育。而随着时间的推移，事业编制教师数量增长有限甚至在某些年份里有所减少，但非事业编制教师的增长幅度却较为明显，见表 5.4。

表 5.4 2000—2013 年马达加斯加不同编制教师数量

（单位：人）

编制类型	2000—2001 年	2005—2006 年	2008—2009 年	2009—2010 年	2010—2011 年	2012—2013 年
事业编制教师	27 794	28 177	28 611	28 219	26 235	25 974
非事业编制教师	6 074	28 840	41 002	45 417	54 193	62 589

---

[1] 资料来源于世界银行数据库。

[2] UNESCO. World data on education données mondiales[R]. Paris, 2010: 12.

2．缺乏教学资源

马达加斯加基础教育阶段公立学校普遍缺乏教学资源，如教材和教室等。

小学阶段主要表现为教学资源分布不均。2013—2014年，马达加斯加政府对公立小学进行调查后发现，多数地区教师的名额分配以及教室的建立并没有和学生人数挂钩，从而导致部分地区特别是较为贫穷和偏远地区缺少必要的教室资源，并导致多个年级（尤其是3—5年级）的教师和学生共用同一个教室，从而减少了学生的学习时间，并削弱了其学习效果。

2014—2015年对马达加斯加公立初中的调查显示，每33名学生共用一本物理或化学教科书，每28名学生共用一本自然科学教科书，每21名学生共用一本历史或地理教科书，每14名学生共用一本马达加斯加语教科书，而每7名学生共用一本法语、英语或数学教科书。[1]教学资源缺乏的问题导致了公立初中的教学效率过低，教师备课不够充分以及学生成绩过低等问题。

公立高中也面临着教材、教室、桌椅等严重缺乏的困难。根据马达加斯加国民教育部2014—2015年的统计，每一本哲学课本由130名学生共享，每一本马达加斯加语课本由56名学生共享，其他科目通常每本需要提供给35名学生。2018年，有高三年级教师表示他的班级平均有70人，两人座的桌椅通常需要容纳3—4名学生，师生们所使用的教材均来自20世纪60—70年代。很多公立高中，尤其是农村地区的公立高中，并未配备足够的专业教室，如科学实验室和通信技术教室等。这导致很多课程，尤其是科学性的课程，只能停留在理论层面，学生的学习效率也受到了较大影响。[2]

---

[1] République de Madagascar. Plan sectoriel de l'education (2018-2022)[R]. Madagascar, 2017: 69.

[2] République de Madagascar. Plan sectoriel de l'education (2018-2022)[R]. Madagascar, 2017: 71.

二、双重对策

（一）提高教育普及率

为了提高教育普及率，马达加斯加政府通过多渠道增强基础教育机构的承载能力，包括扩大目前供多个班级使用的教室，建立新的教室以及修复被损坏的教学设施等。由于修复成本较高，近一半的修复费用交由地方政府负责，四分之一的费用由第三方机构负责，剩余费用由中央政府承担。

马达加斯加政府还减免学杂费用，并提供低价高质量的学校餐食，以进一步帮助贫穷环境下的儿童。此外，政府给予非事业编制教师一定额度的薪资补贴，以促使教师更专注于教学工作。2020 年开始，基础教育在马达加斯加除了具有强制性的特征之外，还增加了免费性的特点，且面向全体马达加斯加人。

（二）提高教学质量

由于教学质量持续下降，马达加斯加政府急需采取有力措施以提高各阶段教育质量。2017 年颁布的《马达加斯加教育计划（2018—2022）》对九年制义务教育的学制划分进行调整，将九年义务教育阶段分为三个三年期。[1]第一个三年期等同于传统九年制义务教育中的小学一年级到小学三年级，面向 6—8 岁儿童。该三年期结束后，学生应有能力用马达加斯加语进行阅读，且拥有基本的算术和表达能力，以便于教师在第二个三年期引入外语学习。学生需通过测试后才可以进入第二个三年期进行学习。第二个三年期等同于传统九年制义务教育中的小学四年级到初中一年级，面向 9—11 岁儿童。

---

[1] République de Madagascar. Plan sectoriel de l'education (2018-2022)[R]. Madagascar, 2017: 56.

该阶段结束后，学生应在掌握马达加斯加语的基础上，以法语或英语作为第二语言，具备基本的双语应用能力。第三个三年期等同于传统九年制义务教育中的初中二年级到初中四年级，面向 12—14 岁儿童。[1] 第三个三年期结束后，学生通过考试会获得毕业证明，且该证明比旧体制下的初中毕业证书含金量更高。学生在通过三个三年期的学习之后应该有相应的能力和机会进入下一阶段的通识学习、职业学习或者直接开始工作。[2] 政府寄希望于通过教学体制的改革，可以对各阶段设定更为明确的教学目标以提高教学质量。由于该计划尚未得到全面实施，因此其有效性还有待观察。

---

[1] République de Madagascar. Plan sectoriel de l'education (2018-2022)[R]. Madagascar, 2017: 56.

[2] 资料来源于马达加斯加法院网站。

第六章 高等教育

高等教育是一国发展过程中培养所需人才的重要机构。高等教育的发展是一个国家经济社会发展的重要因素，有助于提高该国的国际竞争力。有研究表明，高等教育入学人数的增加可以带来人口增长的放缓、税收和创业的增加、健康和技术的改善、政府治理的加强以及腐败现象的减少。在以全球化为特征的当代社会中，马达加斯加高等教育事业的发展对国家发展的重要性不言而喻。

第一节 高等教育的发展和现状

一、历史沿革

马达加斯加是非洲国家中较早设立高等教育机构的国家之一。第一所提供高等教育的教学机构由加列尼依据 1896 年 12 月 11 日法令创立，名为贝费拉塔纳纳医药学院。此后，马达加斯加高等教育并无显著发展。1955 年 12 月 16 日，高等研究学院在首都塔那那利佛成立，并迅速成为马达加斯加高等教育的重要落点，后来被列为戴高乐国家高等教育基金会赞助对象。

1960 年，该基金会资助的 723 名学生中，有 483 名为马达加斯加学生。[1] 总体来说，在被法国殖民期间，马达加斯加的高等教育一直处于萌芽状态，并未得到明显推动。

1960 年独立后，与大多数撒哈拉以南非洲国家一样，马达加斯加继承了法国殖民者的高等教育体系。尽管与法国之间存在一系列合作协议，但法国很快就对马达加斯加的高等教育实行了逐步脱离的政策，并逐渐减少投入。当时马达加斯加高等教育发展水平较为落后，但新政府高度重视并大力推广，赋予了大学建设国家的使命，被认为是国家发展的主要杠杆之一，也是国家通往现代世界的大门。

1961 年 7 月 14 日，高等研究学院更名为马达加斯加大学，学科数量有所增加，成为马达加斯加第一所综合性公立大学。自此，马达加斯加高等教育的发展正式起步。马达加斯加大学在成立初期开设了法学、医学、药学和艺术等专业。[2] 1961—1988 年，马达加斯加大学是国家公立高等教育的集中站。除了塔那那利佛校区之外，政府于 1975 年在安齐拉纳纳、菲亚纳兰楚阿、图阿马西纳、图利亚拉和马哈赞加等五个城市设立了马达加斯加大学分校。1988 年，马达加斯加大学六大校区各自独立，并分别以其所在城市重新命名，马达加斯加大学的名称也不再使用，改成塔那那利佛大学。不过今天仍有部分民众出于习惯，将塔那那利佛大学称为马达加斯加大学。这六所大学构成了今天马达加斯加高等教育的中坚力量。

20 世纪后期，由于马达加斯加高等教育机构被要求接收所有获得高中毕业会考证书的学生，因此大学招生人数增长强劲，从 1962 年的 1 028 增加到了 1989 年的 42 226。但从 20 世纪 90 年代起，国家开始推行大学入

---

[1] TEFERRA D. Funding higher education in Sub-Saharan Africa[R]. South Africa, 2013: 149.

[2] HAYWARD F M, RASOANAMPOIZINA H. Planning for higher education change in Madagascar[J]. International higher education, 2007: 18.

学考试制度，公立大学的注册学生人数逐渐减少。[1] 学生人数从 1990 年的 37 046 人降低到了 1999 年的 21 363 人。该降低趋势持续了数年，直到 21 世纪初时，高等院校的学生人数逐渐回升，并在 2010 年时增长到 57 382 人。2014 年时，学生人数共计 66 727 人。[2]

马达加斯加高等教育系统中毕业生人数非常少。1980—1990 年教育投资的不足导致拥有高等教育毕业证书的人在 45—49 岁人群中的比例仅为 6%。2005 年后，高等教育阶段的毕业生数量逐渐提高，但仍显不足。以 2006—2007 年度为例，仅有 2% 的适龄青年会去高等院校进行注册学习，该比例为全球同年最低；[3] 2018 年，大学入学率为 5.4%，仍处于全球较低水平。[4] 此外，在所有毕业生中，本科生占有较大比重，硕士和博士毕业生占比相对较小。以 2010 年为例，5 914 名大学毕业生中，有 60% 获得学士学位，硕士和博士毕业生共约占 40%。[5] 在六所公立大学中，绝大多数学生（85%）就读于四个学院（法律、管理和社会学学院，理学院，文学院，医学院），其余学生修读长周期职业培训课程（9%）或短周期职业培训课程（6%）。

二、发展现状

（一）学校分类

马达加斯加高等教育工作主要由高等教育和科研部负责。从性质上看，

---

[1] DJISTERA A A. Evolution and challenges of higher education in Madagascar[J]. Annales Universitatis Mariae Curie-Sklodowska, sectio N-Educatio Nova, 2019 (4): 23.

[2] DJISTERA A A. Evolution and challenges of higher education in Madagascar[J]. Annales Universitatis Mariae Curie-Sklodowska, sectio N-Educatio Nova, 2019 (4): 24.

[3] DJISTERA A A. Evolution and challenges of higher education in Madagascar[J]. Annales Universitatis Mariae Curie-Sklodowska, sectio N-Educatio Nova, 2019 (4): 24.

[4] 资料来源于联合国教科文组织网站。

[5] 资料来源于世界银行网站。

高等教育机构分为公立机构（公立大学、高等技术学院、远程培训中心、其他专业学院以及公立博士生院）和私立机构（辅助医学院、其他私立高等教育机构以及私立博士生院）。私立高等教育机构由两大私立高等教育机构协会管理：马达加斯加私立高等教育机构官方协会和高等职业培训机构官方协会。私立机构需要经由高等教育和科研部的审批才能成立与运行。

根据马达加斯加高等教育和科研部 2019 年的统计，全国共有高等教育机构 280 所，其中公立机构 56 所，私立机构 224 所。[1]

1. 公立高等教育机构

马达加斯加的公立高等教育机构共有 56 所，其中公立大学、高等技术学院、远程培训中心以及其他专业学院共 26 所，此外还有 30 所公立博士生院。这 56 所公立机构中，有 51 所由高等教育和科研部管理，其余 5 所分别为隶属于公共安全部的国家高等警察学院、隶属于公共卫生部的国家公共和社区卫生学院、隶属于旅游部的国家旅游和酒店管理学院、同时隶属于高等教育和科研部以及经济和财政部的国家会计和企业管理学院以及安齐拉贝军事学院。

公立大学主要设有人文系、公共管理系、经济系、社会科学系、法律系、科学系、医学院、师范学院和工程学校等院系，各所学校专业设置有所不同，具体详见本节第三部分。

马达加斯加的高等技术学院招生对象已经完成中等职业教育和普通高中教育的毕业生，学生获得相应的文凭证书以后进入劳动力市场。由于逐渐增加的人口压力和紧缺的教学资源，线上高等教育逐渐发展起来。

---

[1] 资料来源于马达加斯加高等教育和科研部网站。

2．私立高等教育机构

由于马达加斯加公立高等教育资源有限，私立高等教育机构发展迅速，主要包括辅助医学院、私立博士生院和其他私立高等教育机构（大部分学科集中在商学、管理学、计算机和外语等专业）。部分私立高等教育机构采用线上模式，提供远程教育。

（二）学制

马达加斯加高等教育学制与国际通行的博洛尼亚宣言一致。1999 年，27 个欧洲国家签署了博洛尼亚宣言。该宣言的核心旨在到 2010 年建立一个欧洲高等教育区。到 2009 年时，已有 47 个国家参与到这一进程中。[1]

博洛尼亚宣言主要包括五大方面。第一是围绕学士—硕士—博士（LMD）学位的文凭结构，学生在中学毕业后 3—4 年完成本科阶段的学习。该结构有助于帮助学生在宣言签署国之间自由使用其文凭。第二是互认的学分系统，被称为欧洲学分转移和累积系统。在该体系下，本科阶段需要在三年内获得 180 个学分，部分四年制本科的国家要求本科生获得 240 个学分。硕士课程通常需要在两年内再修 120 个学分。第三为文凭补充说明文件。文凭补充说明文件是附在文凭上的一份文件，它对文凭持有者所做研究的性质、水平、背景、内容和状态提供了标准化描述。该文件有助于促进学历在学术界和业界的认可。第四，博洛尼亚宣言还涵盖了国家资格认定框架。该框架可以对高等教育阶段各类资格认证进行解释。国家资格认定框架是国际公认的，有助于帮助社会各群体了解不同教育认证的定义、等级及它们之间的区别。第五是博洛尼亚会员国区域内学生的流动性以及文凭的认证。通过

---

[1] SACK R, RAVALITERA F. Tertiary education in Madagascar[R]. Madagascar, 2011: 2.

加入该体系，会员国内的学生可以自由移动，并毫无障碍地使用其认证书。

2008 年，马达加斯加高等教育和科研部根据 2008-179 号法令决定加入博洛尼亚宣言并实施本—硕—博的文凭结构，同时对改革目标、时间计划、教学方法等问题进行了规范。计划初期，部分高校和民众并不支持该转变，并认为在马达加斯加实施该政策较为困难且并不实际。为此，马达加斯加政府做出了诸多努力。2010 年，马达加斯加政府先后颁布了 2010-049 号、2010-149 号、2010-150 号、2010-152 号、2010-403 号 以 及 2010-848 号 等法令，对高等教育体系改革的细节进行了更为明确的规定，包括学位认证、各高等教育阶段学位要求、文凭补充说明、改革过渡期工作的相关说明等。[1] 地方高校也进行了大量工作。例如，塔那那利佛大学成立 LMD 体系委员会，专门开展相关工作，以保证到 2012 年时该校的学位体系完成转变。目前，马达加斯加的六所公立大学均已完成转换，高等教育体制已经较为完善，包括本科—硕士—博士三大阶段，通常本科阶段持续三年，硕士持续两年，博士则持续三年或更久。加入博洛尼亚宣言有助于马达加斯加高等教育阶段的学生更好地融入世界高等教育体系。

（三）录取方式

学生在获得高中毕业会考证书之后，可以申请进入高等教育阶段。根据高等教育机构的不同性质和专业等，选拔方式也较为不同。以马达加斯加最大的公立大学塔那那利佛大学为例：法律和政治学院以及经济管理和社会学院要求学生在获得高中毕业会考证书的基础上，通过相应学院的入学考试后才能进入大学学习；而科学院、医学院则不举行入学考试，采用材料审核的方式进行录取工作。私立大学中马达加斯加天主教大学的本科

---

[1] SACK R, RAVALITERA F. Tertiary education in Madagascar[R]. Madagascar, 2011: 33.

阶段基本采用入学考试制度，而硕士和博士阶段通常采用材料审核的方式进行录取。

（四）学生数量

马达加斯加高等教育总入学率在国际上处于较为落后的水平。2001—2006 年，高等教育总入学率持续在 2%—3% 间徘徊，而同期非洲平均高等教育入学率在 8% 左右。[1] 2012 年，马达加斯加高等教育的入学率有所增长，达到了 4.1%，但辍学率高达 35.8%。[2]

从总体人数上讲，公立高等教育机构的学生人数增加明显，从 2002 年的 21 000 人增加到 2010 年的 47 893 人。在同一年中，即 2010 年，马达加斯加私立高等教育机构约有 18 000 名学生。在 2010 年的这 4 万余名公立高等教育机构的学生中，塔那那利佛大学约 23 000 名、安齐拉纳纳大学约 2 000 名、菲亚纳兰楚阿大学约 6 000 名、马哈赞加大学约 2 000 名、图阿马西纳大学约 10 000 名、图利亚拉大学约 4 000 名。由此可见，塔那那利佛大学在公立学校中学生所占比例较高，尤其是和安齐拉纳纳和马哈赞加大学相比。

马达加斯加大学生的年龄较为一致，21—25 岁的学生占总数的三分之二。[3] 从性别上看，男性大学生的比例略高于女性：男性约为 53%，女性约为 47%。塔那那利佛大学是唯一一所男女比例几乎相等的大学，而安齐拉纳纳大学只有 33% 是女生。[4]

[1] SACK R, RAVALITERA F. Tertiary education in Madagascar[R]. Madagascar, 2011: 16.

[2] ANDRIATSIMIALA M T. L'Etude du système educatif malgache comme moteur d'evaluation de l'education[R]. 2016: 60.

[3] 资料来源于法国外交部网站。

[4] GAILLARD J. Le système national de recherche scientifique et technique à Madagascar[R]. Magagascar, 2011: 33.

（五）师资状况

2019 年，对六所公立大学教师和三大高等技术学院教师数量分别进行统计。统计结果显示，公立大学中大部分教师集中在塔那那利佛大学，占所有大学教师的 52%；在图阿马西纳大学，这一比例仅为 6%。首都以外的公立大学教师数量并不多，尤其是拥有高级职称的教师。多数教师拥有副教授职称，占总数的 46%，而拥有教授职称的仅占 17%。[1] 高等技术学院中大部分教师没有高级职称，且三大高等技术学院之间的区别并不明显。马达加斯加高等教育阶段的课时量较大，大部分为大班授课，教师科研任务也不重。

值得一提的是，马达加斯加有 54% 的教师年龄超过 55 岁。2021 年有 203 名教师正式退休，出现职位空缺。如何雇佣足够的高质量教师来填补这些空缺是需要考虑的重要事项，否则教师短缺将会对高等教育的正常运行造成巨大障碍。根据政府推算，56.5% 的教师岗位需求集中在技术领域，14.4% 的需求在工程师领域，而只有 9.5% 的需求在人文社科领域。2019 年马达加斯加部分高校教师信息见表 6.1。

表 6.1 2019 年马达加斯加部分高校教师信息 [2]

机构名称	助理	副教授	教授	总数	所占比例
塔那那利佛大学	286	455	184	925	52%
阿齐拉纳纳大学	73	68	21	162	9%
图利亚拉大学	97	105	16	218	12%
菲亚纳兰楚阿大学	71	60	27	158	9%

---

[1] 资料来源于马达加斯加高等教育和科研部官网。

[2] 资料来源于马达加斯加高等教育和科研部官网。

续表

机构名称	助理	副教授	教授	总数	所占比例
图阿马西纳大学	52	42	12	106	6%
马哈赞加大学	87	74	36	197	11%
总数	666	804	296	1 766	100%
塔那那利佛高等技术学院	22	15	5	42	42%
阿齐拉纳纳高等技术学院	28	8	1	37	37%
安布西特拉高等技术学院	12	10	0	22	22%
总数	62	33	6	101	100%

（六）奖学金

马达加斯加公立大学的奖学金覆盖面较广。2010 年，47 893 名学生中，39 818 名学生拥有奖学金，比例高达 83%。[1] 2014 年，约有 45 000 名学生获得了进入公立大学的奖学金，其中三分之二的学生可享受 100% 的学费减免，三分之一的学生可享受 50% 的学费减免。总体而言，这意味着 70% 就读于公立大学和研究所的学生可以获得国家的财政支持。[2]

然而，这一政策的实际效果并非没有问题。首先，奖学金不包括自付费用。由于大多数大学位于城市地区，需要学生自付的食宿费用通常很高，占每名学生总教育支出的很大一部分。这可能意味着只有拥有足够个人财力的学生才能有效地参加和完成高等教育。

[1] DJISTERA A A. Evolution and challenges of higher education in Madagascar[J]. Annales Universitatis Mariae Curie-Sklodowska, sectio N-Educatio Nova, 2019 (4): 28.

[2] MARCHETTA F, DILLY F. Supporting education in Africa: opportunities & challenges for an impact investor[R]. France, 2019: 171.

（七）主要公立大学简介

马达加斯加主要有六所公立大学，分别为塔那那利佛大学、安齐拉纳纳大学、图利亚拉大学、菲亚纳兰楚阿大学、图阿马西纳大学以及马哈赞加大学。马达加斯加的大学通常下设几个学院，其中法学院、经济学院、科学院、文学院和人文科学学院占主导地位。[1]

马达加斯加的这六所高校在世界范围内排名均非常低，泰晤士高等教育世界大学排名中并没有收录任何一所马达加斯加高校。收录马达加斯加高校的世界大学排行榜较少。根据西班牙研究机构推出的世界大学网络排名，这六所高校在世界范围内的排名分别是：塔那那利佛大学第 4 141 名，安齐拉纳纳大学第 10 728 名，图利亚拉大学第 12 988 名，菲亚纳兰楚阿大学第 16 894 名，图阿马西纳大学第 20 649 名，马哈赞加大学第 20 802 名。[2]以下介绍马达加斯加三所主要公立大学。

1. 塔那那利佛大学

塔那那利佛大学是马达加斯加的第一所公立大学，位于首都塔那那利佛。该大学的成立可以追溯到 1955 年 12 月 16 日。后来，塔那那利佛大学在马达加斯加大学塔那那利佛校区的原址上接替了马达加斯加大学，由法国建筑师让·库特负责建设。塔那那利佛大学下设经济管理和社会学院、法律和政治学院、文学和人文科学学院、医学院、科学院、高等农学院、高等理工学院和高等师范学院等。塔那那利佛大学还在安齐拉贝·瓦金纳卡拉特拉和索维南德里亚纳·伊塔西两地设有高等教育学院。该大学的管辖范围还包括成立于 1970 年的艺术和考古博物馆。

---

[1] 资料来源于马达加斯加高等教育和科研部网站。

[2] 资料来源于世界大学排名网站。

　　塔那那利佛大学校长以"放眼全球，行动全国"为口号，关注技术前沿，并通过各种方式与世界合作，是马达加斯加教学和研究领域的领导者之一。塔那那利佛大学不仅是马达加斯加知识分子的聚集地，同时也开发了一系列适合公司实际需求的教学计划。2015 年起，塔那那利佛大学还为管理学专业的学生提供远程学习的机会。马达加斯加大部分大学生就读于塔那那利佛大学。[1]

　　塔那那利佛大学的学生还可以利用大学的各类资源，包括图书馆、学术期刊和数据库等。每个学院都有一个图书馆，其目录已数字化并可通过互联网访问。塔那那利佛大学的学术期刊名为《马达期刊》，致力于通过出版物、座谈会、会议和研讨会等方式促进马达加斯加的科学研究。塔那那利佛大学的数据库名为马达文库，汇集了近 13 000 份可在线访问的文件，涉及马达加斯加的农村发展和环境保护等领域。[2]

　　从学生校园生活上看，塔那那利佛大学一方面给学生组织了诸如体育、文艺和宗教类等活动，另一方面也设有卫生中心、奖学金中心和宿舍等一系列配套支持。卫生中心向学生提供体检、牙科等多项服务。奖学金中心则负责奖学金的审核和发放。塔那那利佛大学的奖学金分为两种，一种是在学年开始前的学杂费用补助，另一种是学年间每月固定发放的生活补助，直到该学年结束。获得奖学金的学生需要拥有马达加斯加国籍，定期上课，参加考试，除特殊情况外没有转专业情况，且已满足奖学金评审委员会设定的条件和标准。2003 年后，塔那那利佛大学的奖学金通常在每月 2 万阿里亚里左右，并且年级越高，奖学金额度也会相应升高。若学生成功申请到了奖学金但需要复读，只能得到所获奖学金的一半。学生若希望入住学校宿舍，需要在塔那那利佛大学的宿舍管理系统中申请。

　　为了进一步促进国际化，塔那那利佛大学还专门设有国际交流部，以

---

[1] GAILLARD J. Le système national de recherche scientifique et technique à Madagascar[R]. Magagascar, 2011: 27.

[2] 资料来源于塔那那利佛大学网站。

帮助学生前往其他国家进行短期学习。塔那那利佛大学与多个国家进行合作，目前国际合作机构包括孔子学院、同位素射电实验室、文明艺术与考古研究所、塔那那利佛地球物理研究所和天文台、查尔斯梅里埃传染病研究所和能源研究所等。

2．安齐拉纳纳大学

安齐拉纳纳大学位于马达加斯加北部塔那那利佛附近的港口城市，安齐拉纳纳。其前身是马达加斯加大学的分校，于 1988 年独立。1994 年，该大学被改名为马达加斯加北方大学，并于 2007 年后重新改回安齐拉纳纳大学。

1976 年时，安齐拉纳纳大学的学生人数非常少，且只开设了一个专业——机械专业。当时该大学的首要任务是在马达加斯加北部培养合格的工程师人才以满足经济发展的需要。安齐拉纳纳大学目前向学生提供的学位课程集中在工程师、教育、科技、人文科学以及文学与艺术等领域，设有本科、硕士和博士三大高等教育阶段。安齐拉纳纳大学设有八个学院，分别为：理学院，法律经济管理和政治科学学院，文学和人文科学学院，印度洋社会全球化、环境和安全博士生院，可再生能源与环境博士生院，高等理工学院，高等技术教育师范学校，高等农学与环境学院。

理学院建于 1984 年，当时的主要任务是培养物理、化学、自然环境科学和医药学方面的研究者。理学院现共有科研教学人员 42 名和行政技术人员 18 名。所有学生在大一上学期均不分科，从大一下学期开始才需要选择细分方向。理学院可颁发本科学位证（自然环境科学、物理和化学专业）及硕士学位证（应用系统流体力学、可再生能源、核计量与环境、化学工程与应用化学以及药用植物等专业）。[1]

---

[1] 资料来源于安齐拉纳纳大学网站。

法律经济管理和政治科学学院建于 2001 年。申请者需通过该学院的考核才可进入学院学习。本科阶段的学生可以在法律和政治科学、管理学和经济学等学科间进行选择，而硕士生只能选择管理学专业。该学院旨在为学生提供法律技能、政治研究和国际关系方面的培训。它还为学生在私人或公共组织中担任管理岗位及开展自己的商业项目做好准备。其使命还包括培养在地方经济发展政策的制定和实施中具有专业能力的人力资源。

文学和人文科学学院长期只设有法语系，直到 2001—2002 学年才开设了英语系。2012 年起，该学院具备了完整的本—硕—博体系。[1] 高中毕业生通过该学院的笔试考核后，可以选择文学和应用语言学以及社会科学（地理和历史）两个方向。硕士生则有现代文学、语言和媒体传播、旅游应用语言学、地理和历史等学科可供选择。

两大博士生院招生标准不尽相同。硕士毕业证书、研究计划以及博士导师的同意书是申请读博的必要条件。此外，印度洋社会全球化、环境和安全博士生院还特别要求申请人的硕士毕业成绩必须达到优秀，而可再生能源与环境博士生院对此则并无要求，但后者对博士生的毕业标准提出了较为细致的硬性要求：所有博士生必须要在三年博士期间修满 32 个跨学科通识学分以及 48 个选修课学分。[2]

高等理工学院拥有超过 900 名学生，29 名行政工作人员，39 名教师和科研人员以及 17 所实验室。该学院提供本科和硕士课程，一般每年本科可招生 300 名。[3] 在该学院毕业的本科生可自动进入该学院的硕士阶段进行学习，而对于外校的本科毕业生说来说，每年名额则不固定且申请者需要通过笔试。本科生需在三年学习期内修够 180 个工程师学科类学分才可以获得

---

[1] 资料来源于安齐拉纳纳大学网站。

[2] 资料来源于安齐拉纳纳大学网站。

[3] 资料来源于安齐拉纳纳大学网站。

毕业证书，而硕士生则需要修够 120 个学分。[1]

高等农学与环境学院则仅有 156 名学生，4 名科研工作人员以及 6 名行政工作人员。[2] 该学院成立于 2015 年，还较为年轻，只提供本科课程，共持续三年，且学生到大三时才会细分专业。该学院除了和马达加斯加相关机构有合作之外，也与安齐拉纳纳法语联盟组织保持合作关系。

3. 图利亚拉大学

曾经是马达加斯加大学的分校之一的图利亚拉大学于 1988 年成为独立的公立大学。图利亚拉大学本科阶段由四个学院（科学技术学院、文学与人文科学学院、法律经济管理和社会学学院以及医学院）、一个研究所（海洋学与海洋科学研究所）和一所高等师范学院组成。科学技术学院、文学与人文科学学院和高等师范学院位于图利亚拉以东 5 000 米处，而法律经济管理和社会学学院、医学院和海洋学与海洋科学研究所则位于图利亚拉市中心。

科学技术学院包含生命科学、地球科学以及应用物理化学等三个专业。文学与人文科学学院包含五个专业，分别为语言文化和马达加斯加文学、法语和法语国家研究、哲学、历史以及地理学专业。法律经济管理和社会学学院则分为四大方向，包括法律、经济、管理和社会学。医学院则包含人口医学、医药科学及护理学等三大方向。

海洋学与海洋科学研究所创立于 1992 年，致力于在海洋科学、渔业和水产养殖、海洋和沿海环境等领域高级工程师的培养。该研究所由研究所教师普选产生的机构负责人领导。负责人需要协调研究所内开展的所有活动。除了多名行政人员外，该研究所还拥有 4 名教授、20 名副教授以及

---

[1] 资料来源于安齐拉纳纳大学网站。

[2] 资料来源于安齐拉纳纳大学网站。

1 名助教。自创立以来，该研究所已经培养出了 1 000 多名毕业生，包括工程师、高级工程师以及博士研究学者等。2018 年的调研显示，在接受采访的 649 名毕业生中，顺利找到工作的比例较高（74%），其中男性（77%）略高于女性（69%），83% 的毕业生在相关行业工作，主要为渔业、水产养殖、水和农产品质量以及环境等领域。[1]

图利亚拉大学共有三所博士生院：语言、人类和文化独立博士生院，生物多样性和热带环境博士生院，海洋和渔业科学博士生院。自成立以来，语言、人类和文化独立博士生院共培养了博士毕业生 51 名，在读博士生达 64 名；生物多样性和热带环境博士生院自 2012 年成立以来共培养了博士生 23 名，其中已毕业 12 名；海洋和渔业科学博士生院自 2011 年底成立以来共注册 14 名博士生，其中已毕业 6 名。

图利亚拉大学的学生共有三类奖学金可申请，分别由比利时法语瓦隆–布鲁塞尔联盟、世界银行集团以及日本圣公会出资。比利时法语瓦隆–布鲁塞尔联盟奖学金主要面向硕士生。世界银行集团的奖学金则主要针对博士在读生和博士毕业生，且要求其博士研究方向与世界银行的工作相关。日本圣公会提供的奖学金希望帮助学生前往日本进行为期 18 个月的学习，其中前六个月专门用来学习日语。

（八）私立高等教育机构

与大多数撒哈拉以南非洲国家一样，马达加斯加高等教育的可用资金直接由捐助者的态度决定。20 世纪 70 年代，非洲的学生骚乱、罢工和抗议活动频繁出现，世界银行公开宣布对非洲大陆的高等教育越来越失望。捐助者将资源从高等教育转移到基础教育阶段，导致高等教育事业的发展举

---

[1] 资料来源于图利亚拉大学网站。

步维艰。

如本章开始所述，马达加斯加政府在 20 世纪 80 年代的政治民主化和权力下放政策的前提下，决定让所有高中毕业生都能接受政府资助的大学教育。该政策导致一个院系里有时会有 700 到 1 000 名学生与教职员工，大学讲座也常被转移到电影院和体育场馆。[1] 后来虽然国家改变了入学政策，但学生总数依然很大。接受高等教育人数显著增速的同时，缓慢发展的经济和受到限制的财政预算导致高等教育机构的承载能力远不能满足需求，包括教室、师资、课本、图书馆等一系列基础设施和教学材料。在这种情况下，私立高等教育机构的重要性逐渐凸显：280 所高等教育机构中只有 56 所属于公立性质。私立大学虽然数量众多，但是每个规模都不大，成立较晚，无法和公立大学相比。

相比于公立高等教育机构，私立高等教育机构更重视职业技术教育的发展，注重专业的实用性。以 2013 年为例，私立高等教育机构中有资格授予高等教育和科研部认可的学位中，28% 为管理学，25% 为计算机科学，较为集中。此外，大部分该类机构的学位授予都集中在本科阶段，仅少量会提供硕士学位课程。[2] 其中规模较大的有马达加斯加私立大学（UPRIM）。该学校成立于 2005 年，开设五个专业，包括管理、贸易与营销、法律、传播以及医学，并分别提供高级工程师学位证书（共 2 年学习经历）、本科毕业证书（共 3 年学习经历）以及硕士毕业证书（共 4 年学习经历）。

私营机构每年的学费 150—500 欧元不等，不包括学习用品、交通、食品、住宿等。考虑到注册、住宿、食品和交通费用等，高等教育一年的总费用大约为 1 000 欧元。[3]

---

[1] TEFERRA D. Funding higher education in Sub-Saharan Africa[R]. South Africa, 2013: 151.

[2] Ministrère de l'Enseignement Supérieur et de la Recherche Scientifique. La stratégie nationale de la recherche scientifique à Madagascar[R]. 2013: 18.

[3] 资料来源于法国外交部网站。

（九）国际交流

马达加斯加的高等教育机构和国际高等机构合作较为广泛，其中和法国的合作交流尤为深入。法国和马达加斯加在高等教育阶段的合作是法国大使馆合作和文化行动服务处的重要内容，该合作受到马达加斯加高等教育和科研部与法国大使馆合作和文化行动服务处的加倍支持及双重监督。马达加斯加和法国高等教育和研究领域的合作旨在满足马达加斯加政府在经济、社会和文化发展方面的期望，尤其是在农业、生物多样性和环境保护、科学和技术、人文科学、经济和第三产业、公共卫生、科学信息技术等领域。

以 2011—2012 学年为例，超过 3 600 名马达加斯加学生在法国攻读学位。这些学生中有 51% 获得了学士学位，43% 获得了硕士学位，6% 获得了博士学位。对于马达加斯加赴法留学的学生来说，巴黎第十大学、巴黎第十二大学、波尔多大学和艾克斯−马赛大学最受欢迎。[1] 此外，马达加斯加医护专业的学生还有机会前往挪威进行学习和实践。

除公立高等教育机构之间的合作之外，法马两国还鼓励私立高等教育机构与公立大学和大型法国研究机构建立合作伙伴关系（教学和研究），尤其是在马达加斯加发展研究所、国际农艺研究发展合作中心、牧师学院等。

马达加斯加高等教育每年接收约 1 300 名外国学生，其中约 600 名进入公立大学，约 700 名进入私立教育机构。来马达加斯加留学的学生中，科摩罗人占较大比例。[2]

---

[1] 资料来源于法国外交部网站。

[2] 资料来源于法国外交部网站。

第二节 高等教育的特点

一、私立大学数量多

马达加斯加的私立高等教育从 20 世纪末 21 世纪初开始发展。21 世纪的第一个十年间，私立高等教育机构的数量逐年上升，而公立教育机构的数量却无明显变化，2002—2009 年甚至没有任何增加，见表 6.2。

表 6.2 2001—2010 年马达加斯加公立和私立高等教育机构数量（所）[1]

	2001	2002	2003	2004	2005	2006	2007	2008	2009	2010
公立	9	10	10	10	10	10	10	10	10	11
私立	19	20	21	21	21	21	50	57	71	76
总数	28	30	31	31	31	31	60	67	81	87

2013 年，58 621 名学生在塔那那利佛获得了高中毕业会考证书，而塔那那利佛大学每年只能接收 8 000—9 000 名新生，因此远程教育入学人数大幅增加（2006—2011 年马达加斯加国家远程教学中心学生增加了 73%），在私立机构中的表现尤其突出（私立机构增加了 450%，而公立大学只增加了 33%）。私立机构注册学生在学生总数中的份额急剧增加，从 2005 年的 7.6% 增加到 2011 年的 24.8%。[2] 私立高等教育机构的发展一定程度上缓解了公立机构的财政负担和人力负担。

---

[1] TEFERRA D. Funding higher education in Sub-Saharan Africa[R]. South Africa, 2013: 152.

[2] 资料来源于世界银行网站。

二、科学研究有待加强

尽管历届政府都意识到科学和技术在国家发展中的作用，但是由于缺乏具有针对性的政策、指导方针和研究机制，马达加斯加的学术研究一直举步维艰。直到 2008 年，科学研究和高等教育两大领域才合并到同一个中央部委下。2012 年，高等教育和科研部倡导高等教育与科研改革，强调科研价值，完善科学与发展的衔接，坚信科学研究是发展的重要工具，并且研究成果必须服务于国家重大目标，如减少贫困、改善人口健康状况以及合理管理和开发自然资源等。时至今日，马达加斯加科研学术能力仍然较为薄弱，主要原因有二。

一是优秀研究团队的缺乏。面对学生人数的增加，教师／研究人员别无他法，只能将几乎所有的时间都投入到教学和行政工作中；在业余时间，他们也常常进行教学以获得加班费从而增加收入。这种情况下，很少有人致力于科学研究。现今，马达加斯加高等教育阶段的教师／研究人员年龄偏大，近五分之四（78.3%）的教师／研究人员年龄在 50 岁或 50 岁以上，几乎五分之一（18%）超过 60 岁；只有 38 名（3.8%）教师研究人员年龄在 40 岁以下。[1] 除了较高的平均年龄之外，性别不平衡现象也较为突出。所有年龄段中，男性科研工作者的比例均远远高于女性科研工作者所占比例，特别是在 50—55 岁年龄段中，男性学者比女性学者占比高约 30%。[2]

二是研究资源的不平衡。马达加斯加学者通常需要以出国参加学术论坛的方式来发表学术论文。由于学校较少拨付专门的科研基金给学者们进行研究，因此大学所有能获得科研经费的实验室和研究机构几乎只与国际合作者保持密切关系。马达加斯加学术研究领域的区别也较大。以 2011 年

---

[1] GAILLARD J. Le système national de recherche scientifique et technique à Madagascar[R]. Magagascar, 2011: 29.

[2] Ministrère de l'Enseignement Supérieur et de la Recherche Scientifique. La stratégie nationale de la recherche scientifique à Madagascar[R]. Madagascar, 2013: 20.

为例，社会科学研究人员的数量很少，仅占全国所有科研工作者的 9%，而环境科学领域的学者比例则高达 41%。较为受欢迎的研究领域还包括技术（20%）和农业（19%），而其他基础学科则鲜有涉及。[1]

三、高度重视信息化

人口的快速增加和高校基础设施极其有限的承载能力导致马达加斯加大学名额远远无法满足实际需求，因此政府非常重视高等教育的信息化改革。远程或混合培训的发展、继续教育和终身学习等政策都可以帮助解决该矛盾，而这需要大量的数字化教育资源作为基础。为了发展高等教育信息化，马达加斯加政府着重建设高速网络数字化教学机构，并大力推广线上教学。

（一）学术和学习研究教育网络

2011 年 10 月 6 日，高等教育和科研部部长、6 所公立大学校长、3 个高等技术学院的负责人和泰尔玛公司的董事总经理签署合作协议，标志着"学术互联网"时代的到来。该协议的两大目标为根据国际层面的现有规范和标准为高等教育机构和研究中心配备国家网络，允许将这个网络整合到全球"学术互联网"中。该网络的建立将有助于马达加斯加的研究人员和师生更方便地获取更多的互联网服务。

2012 年 6 月 8 日，马达加斯加推出了学术和学习研究教育网络，旨在促进该国的科学、技术和教育发展，并使其科学领域发展更加国际化。自从学术和学习研究教育网络启动以来，各高等教育机构得以相互联系起来，

---

[1] Ministrère de l'Enseignement Supérieur et de la Recherche Scientifique. La stratégie nationale de la recherche scientifique à Madagascar[R]. Madagascar, 2013: 14.

并快速地将马达加斯加科学成果推到国际舞台上，极大地促进了数据共享和新远程培训课程的建立。2017 年 2 月，马达加斯加主要高等教育机构的网络连接速度显示，高速互联网已经得到了较好的覆盖，见表 6.3。[1]

表 6.3 2017 年 2 月马达加斯加部分机构网络连接速度 [2]

机构名称	网络连接速度（Mb/s）
高等教育和科研部	12
科学技术文献信息中心	2
塔那那利佛大学	25
安齐拉纳纳大学	10
图利亚拉大学	10
菲亚纳兰楚阿大学	10
图阿马西纳大学	10
马哈赞加大学	10
马达加斯加兽医疫苗研究所	5

（二）马达加斯加国家远程教学中心

远程教育可以扩大学生接受高等教育的机会。马达加斯加有 43 家提供远程培训的机构，包括马达加斯加国家远程教学中心、三所公立大学、两所高等职业技术学院、两所私立机构（马达加斯加私立大学、高等管理科学专业研究所）以及其他公共、私人或非政府组织等机构。另有一些学生就读于提供远程教学的外国机构，例如加拿大和法国远程教育中心。远程

---

[1] 资料来源于法国外交部网站。

[2] 资料来源于马达加斯加高等教育和研究部网站。

教育尤其适合居住在偏远地区且负担不起搬到大学城的高中毕业生。对于那些没有被大学录取或年龄较大的学生来说，远程教育也是很好的选择。线上培训不易受大学罢工的影响和政治动荡的干扰。

马达加斯加国家远程教学中心是马达加斯加远程教育的先驱。该中心于 1992 年根据 1992 年 4 月 11 日第 92-953 号法令创建，当时的主要任务是分流高校无法承载的学生群体，也面向所有因不符合传统高等教育机构的入学要求或因健康、地理位置问题而无法参加线下课程的人。该中心的学员可能是 16 岁的中学生也可能是退休的公务员。中心提供两个领域的高等教育和专业教育：工程科学和社会科学。前者包括计算机科学、工业工程和电信等专业，后者包括法学、经济学、商务与工商管理、管理学、技术与商务交流等专业。该中心可以向学生颁发本科学位、硕士学位和博士学位。此外，该中心还提供部分职业培训。

马达加斯加国家远程教学中心课程由大学教师和经验丰富的企业干部负责。学校和教师鼓励学生组成 5—10 人的小组进行共同研究。每个小组都可以以书面形式向教师提出问题。考试一般采取线下方式，每半年举行一次。考试地点一般在各地区中心（全国共设有 33 个地区中心）。考试之外，该中心还会在各办事处举行定期的聚会以及特别活动。[1]

2006—2011 年，马达加斯加国家远程教学中心的学生数量从 5 848 人增加到了 10 914 人，在法律、管理、计算机、商业和企业传播技术等领域的人数增长了 87%。[2] 在通过法律、海关和警察局等机构的公务员考试的学生中，70% 都曾在该中心进行学习与准备。[3] 2011 年后，该中心的注册学生数量继续稳中有升，到 2020 年达到 15 521 人。[4]

---

[1] 资料来源于马达加斯加国家远程教学中心网站。

[2] Ministrère de l'Enseignement Supérieur et de la Recherche Scientifique. La Stratégie nationale de la recherche scientifique à Madagascar[R]. Madagascar, 2013: 16.

[3] 资料来源于马达加斯加国家远程教学中心网站。

[4] 资料来源于马达加斯加国家远程教学中心网站。

马达加斯加国家远程教学中心发展势头良好，但是即使每天可以接纳40—80名学生，也远不能满足所有学习者的需求。[1] 因此，该中心目前正计划在两个地区设立两个新的分支机构，并希望在全国119个地区设立分部。

（三）其他网络学校与项目

1. 法语国家数字校园印度洋分校

在法语国家大学机构的指导下，法语国家数字校园于2003年在马达加斯加的塔那那利佛成立了印度洋分校，这是法语国家大学机构成立的第二个电子分校（第一个位于塞内加尔首都达喀尔），有助于加强大学之间的多边合作。该电子分校一直致力于将高等教育和研究中的技术更大程度地整合在一起，并提高研究人员和师生的工作和学习质量。该校由法语国家大学机构和指导委员会的主办机构共同管理。

虽然这个学校的数字服务系统在其他地方可能看起来较为基础，但在马达加斯加却显得尤为重要。2015年，通信技术监管局的调查显示，全国有1 252 477名互联网服务用户，占总人口的5%左右，而且这些用户中约98%是手机用户。[2] 但即使是这些能拥有互联网服务的用户，其使用手机进行文献查阅和学习的网络费用也十分高昂。例如，网络费用通常为每分钟20阿里亚里，如果要发邮件与教师沟通，可能每一封邮件就需要花费200阿里亚里。网络学校的费用大约为每天500阿里亚里，远低于其他场所的网络费用。因此，一所可以给学生提供互联网服务的数字校园对马达加斯加的学生来说可谓雪中送炭。2010年12月，该分校与塔那那利佛大学建立了新的合作伙伴关系。

---

[1] 资料来源于法国电视国际五台网站。

[2] 资料来源于法国电视国际五台网站。

2．塔那那利佛高等数字学院

塔那那利佛高等数字学院是一所在线大学，创建于 2015 年 10 月，主要提供商业管理课程。学校的课程可随时随地下载，[1] 通过此种方式，学院希望能达到如下目标：节省时间，保障学生安全，促进教师和专业人士之间的自由交流，帮助学生更好地融入劳动力市场。在学习过程中，学生可以自由安排学习时间，拥有极大的灵活性以及随时与教师交流的可能性。学院遵循本—硕—博体系，包括本科（3 年）、硕士（2 年）和博士（3 年），设有 5 个专业方向：新通信和信息技术、项目管理和创造就业机会、会计和财务、银行和金融机构、国际或国内企业市场管理。

为了进一步保证学生为未来的工作做好准备，塔那那利佛高等数字学院在课程设置中加入大量实习计划。以本科生为例，学生从第一年开始就需要进行 1—2 个月的观察实习，第二年则需要进入中小企业进行 2—3 个月实际工作，第三年需要在所学专业的对口企业进行 3—5 个月的实习。

此外，该学院还向学生提供大量计算机技术和资源，以促进知识的获取和共享，包括可在电脑和手机中应用的培训平台、超过 2 000 种图书的数字图书馆以及新生的计算机培训等。

3．远程合作项目

除了专门的远程教学机构，马达加斯加公立大学也与其国际合作伙伴开展了一些远程合作项目。例如，塔那那利佛大学和留尼汪大学在计算科学与统计学硕士的课程中选择了部分模块进行远程培训。

---

[1] 资料来源于塔那那利佛高等数字学院网站。

4. 线上学校行政管理

数字化不仅体现在教学活动中，行政管理系统同样也面临着信息化改革。例如，通过将学生信息录入网络化系统，行政教师可以更好地对学生的信息进行整理，奖学金也可以通过转账的方式进行发放。

第三节 高等教育的挑战和对策

2014 年，马达加斯加高等教育的普及率（每 100 000 名居民中有 494 名大学生）仍低于与马达加斯加发展水平相同的非洲国家的平均水平（每 100 000 人中有 642 名大学生）。对于马达加斯加最富有的 20% 的群体而言，高等教育阶段的净入学率为 10%；而对于最贫困的 20% 人口的来说，这一比率几乎为零。从性别上看，男孩接受高等教育的机会约为 11.3%，而女孩约为 9.1%。[1] 这种情况反映了某种程度的社会不平等。

投资高等教育对马达加斯加青年的未来和国家经济发展至关重要。高中毕业的年轻学生人数正在迅速增加，但目前的制度并无法应对由此产生的高等教育需求。

---

[1] République de Madagascar. Plan sectoriel de l'education (2018-2022)[R]. Madagascar, 2017: 226.

一、四大挑战

（一）师资力量缺乏

马达加斯加高等教育阶段教师人数的增长跟不上学生人数的增长，因而导致师生比急剧下降。公立高等教育机构中教师数量在2000—2006年长期停滞在1 000人以下，师生比从2000年的1：31降至2006年的1：47；到2011年时教师数量上升至1 319人，增加了约三分之一，同年师生比却降到了1：49。[1] 私立高等教育机构中，2006—2011年以来入学人数急剧增加，教师数量也从207人增加到710人，然而师生比在此期间急剧下降，从1：13降到了1：30。[2] 可见，虽然教师人数呈现出持续增加的趋势，但是仍然无法满足快速增长的学生群体的需求，师生比仍然较低。

教师资源的缺乏一方面体现在不同高等教育机构之间，另一方面，即使在同一机构内部，师资的分布也较为失衡，即部分高校和部分院系的师资队伍严重短缺。例如，安齐拉纳纳大学师生比为1：21，菲亚纳兰楚阿大学则是1：74，而图阿马西纳大学该指标则低至1：143。在马达加斯加规模最大的大学塔那那利佛大学中，不同院系师生比区别较大：高等理工学院师生比为1：13，而医学院为1：68，法律、经济、管理专业则低至1：182。[3]

由于教师资源的严重缺乏，高等教育机构通过允许教师加班和招聘兼职教师等措施来弥补固定教师的短缺。公立大学中固定教师的大部分教学任务都是在其额定课时量之外完成的。据统计，2006年，由于官方工作量每周只有5小时，加班时长占教师总工作时间的86%。[4] 私立机构也聘用兼

---

[1] 资料来源于世界银行网站。

[2] 资料来源于世界银行网站。

[3] 资料来源于世界银行网站。

[4] 资料来源于世界银行网站。

职教师，这些兼职教师中许多是公立大学的正式教师。教师长期的过度工作会极大地影响其教学质量。

此外，高等教育机构还雇用了大量行政人员，尤其是在公立高等教育机构中。2011 年，行政和技术人员为 3 268 人，是固定教师人数的 2.4 倍。私营部门雇用的非教学人员略多于教学人员（行政人员为 776 名，长期教师为 710 名）。[1]

（二）教学效率低

在马达加斯加高等教育阶段，学生能读完本科课程的比例较低。从全国来看，2004—2010 年，每年约有四分之一的学生辍学，到 2011 年时辍学率甚至达到 30.8%。此外，高等教育阶段的留级比率也较高，2004—2011 年留级率在 14.5%—18.2%。从各学校来看，以 2008—2009 学年为例，塔那那利佛大学的毕业率为 60.6%，图阿马西纳大学为 67.7%，马达加斯加国家远程教学中心为 56.1%，阿齐纳纳纳高等技术学院为 68%。高辍学率、高留级率和低毕业率意味着，为了培养一个拥有本科毕业证书的学生，政府的花费是常规的四倍之多。[2]

一般而言，高等职业教育领域毕业率相对较高，比大型公立大学好很多。

（三）教育与劳动力市场脱节

由于马达加斯加的经济仍然以农业为主，且大部分工作都属于非正式领域，因此尽管参与劳动生产的人口比率很高（2005 年 15—64 岁人群的活动率高达 88%），但就工作时间和工资发放而言，就业不足现象普遍存在。

---

[1] 资料来源于世界银行网站。

[2] République de Madagascar. Plan sectoriel de l'education (2018-2022)[R]. Madagascar, 2017: 226.

2006—2010年，工业占国内生产总值的比重从14.6%下降到8.7%。2012年11月的统计显示，2009年开始的政治危机导致了约336 000个工作岗位流失。许多高等教育毕业生因此无法找到正式工作。

与在非正规部门工作的受教育程度较低的工人相比，高等教育毕业生中的失业现象更为严重。2010年马达加斯加的平均失业率为3.8%，城市地区高等教育毕业生的平均失业率为10%，农村地区为7.3%，女性受影响最大——12%受过高等教育的女性失业。[1]这意味着大学教育、学生期望和市场的实际需求之间存在差异，也就是教育与劳动力市场存在一定程度的脱节。

（四）财政预算无法满足需求

马达加斯加历来致力于普及基础教育，这在某种程度上限制了高等教育系统的资源配置。与此同时，捐助者和国际合作机构也易忽视该阶段的需求。在预算长期短缺的背景下，高等教育毛入学率低至5%（而撒哈拉以南非洲平均为7%），且很多有机会进入高等教育的学生无法使用其学习所需要的基本设施。[2]长期以来，马达加斯加高等教育方面的大部分公共支出主要用于教师工资和学生奖学金的发放，而用于教学资源和创新的预算则非常有限。

马达加斯加高等教育阶段的基础设施不够完善，公立大学的建筑和设备状况不佳。这些建筑工程得到的资助非常少，因此建筑质量不高，大多数教学设施都破旧不堪。图书馆和实验室也无法获得新的书籍和材料。

---

[1] 资料来源于世界银行网站。

[2] MARCHETTA F, DILLY F. Supporting education in Africa: opportunities & challenges for an impact investor[R]. France, 2019: 170.

二、四大战略性对策

根据高等教育的使命（提供高水平的培训、培养有能力的毕业生、为国家提供足够数量的高素质高级员工），马达加斯加高等教育和科研部为自己树立了"高等教育，实现可持续发展"的目标。为了实现这一目标，高等教育和科研部设立了如下四大战略。

（一）公平易获得的高质量高等教育

优质的高等教育不仅应面向精英，而且应面向每一个希望成功的马达加斯加年轻人，不分性别、年龄、地域或社会出身。为了向马达加斯加人民提供更为公平且易获得的高质量高等教育，马达加斯加政府一方面大力提高高等教育普及率，另一方面着重提高教学质量。

在提高高等教育普及率方面，马达加斯加政府致力于保证本—硕—博体系的落实，以帮助本国高等教育体系达到国际规范和标准。考虑到现有公立高等教育的接收能力，马达加斯加还支持基于地方需求的区域机构，并发展符合标准的私立高等教育和远程教育，同时改进大学生的学习和生活条件。这些政策旨在将 18 岁青少年的入学率从 2016 年的 7.3% 提高到 2030 年的 15.3%。届时新生数量将从 2016 年的 39 544 人增加到 2030 年的 107 295 人。2022 年公立高等教育占比将从 35% 提升至 64%，远程高等教育占比则将从 11% 增加到 25%。[1] 2022 年奖学金受益人数将从 78.8% 下降至 40%。马达加斯加政府还计划根据高等教育阶段优先考虑的领域设立奖励补助金。此外，政府也计划降低高等教育中的辍学率和留级率：到 2030 年时，硕士研究生辍学率应降至 5%，本科辍学率应降至 10%。[2]

---

[1] République de Madagascar. Plan sectoriel de l'education (2018-2022)[R]. Madagascar, 2017: 232.

[2] République de Madagascar. Plan sectoriel de l'education (2018-2022)[R]. Madagascar: 2017: 233.

在提高教学质量方面，首先，政府计划大力培养和招募下一代教师，通过招聘足够数量的教师和研究人员，政府才能重新平衡师生比例。政府的目标是将 2016 年平均 1：51 的师生比提升到 2030 年的 1：30。其次，政府还计划大力培养高等教育阶段工作人员的综合能力，加强教学人员的技能，建立教师的专业化培养方案。最后，政府决心为教师和学生提供所需基础设施及相关教学设备和质量保证体系。

（二）满足科学研究发展需求的培训项目

马达加斯加政府认为研究精神应贯穿本科、硕士和博士三个阶段，大学应成为人们学习如何通过学习进行研究和创新的地方，教师也有义务进行研究并更新其知识体系，掌握有效的教学方法，从而促进高等教育系统的质量改进。在一定程度上，教学工作和研究工作是相互支持的。

为了实现上述目标，马达加斯加政府决定采取三项措施确保科学研究充分满足大学培养的需要。第一，政府将使研究计划与培训计划保持一致，后者应与国家优先事项、发展需要和重大国际问题保持一致。如何将大学研究与国家科学研究战略更好地结合起来是一个重要课题。科学研究必须为解决当前社会的紧迫问题做出贡献。第二，鼓励和支持教师进行研究。为了刺激科学生产，有必要发展教师的研究能力，设置激励机制并对研究标准进行进一步的规范。第三，高等教育机构除了帮助学生获取知识外，还要培养学生的创新技能。培养这种创新精神需要结合职业技能、文化素养和教学背景等。为此，政府将创新能力融入就业技能，建立跨专业项目孵化体系并通过训练加强其相关技能。

（三）提高高等教育毕业生的就业能力

为了提高高等教育毕业生的就业能力，马达加斯加政府致力于拓展高素质人力资源。高等教育必须能够提供最有可能就业的学习和培训机会，并建立一个促进终身学习的系统，使高等教育阶段能够适应社会需求。政府需要帮助马达加斯加年轻人发挥其创新潜力以创造价值和就业机会，从而帮助他们发展创业技能。

为了达到如上目标，马达加斯加政府计划针对就业市场上的重要领域开展培训（包括预测劳动力市场的需求，以满足劳动力市场的期望，建立毕业生劳动力市场分析系统等）、增强学校学习课程的实用性（包括搭建技术应用平台，推广不同的获取经验的方法，支持年轻人进行实习，开展勤工俭学式培训，让企业参与培训项目的建设等）、促进终身学习、培养创业技能以准备自主创业等措施。

此外，为了进一步提高高等教育和就业市场之间的关联性，政府还计划确定不同领域的优先顺序，例如将增加教育科学、工程科学、科学与技术、健康科学的学生比例，份额将分别从 3.7% 增加到 8%、从 6.8% 到 10%、从 16.7% 到 18%、从 10.9% 到 12%。[1] 优先顺序的确定有可能会使社会科学领域及艺术、文学和人文科学领域的学生比例有所下降。

（四）更高的管理效率和更多的资金来源

为了合理、透明地管理必要和可用的人力与物力资源，打造高效的管理体系，马达加斯加政府推出了两大计划。

第一，通过确保有效透明的管理方式来建立人们对教育体系的信心。

---

[1] République de Madagascar. Plan Sectoriel de l'Education (2018-2022)[R]. Madagascar, 2017: 237.

为了加强大学机构的治理和管理能力，一方面，政府可以实施和加强与同类机构的伙伴关系，赋予机构更强的自主权并支持机构制定或更新其发展计划，另一方面，政府可以建立部级机构管理体制，建立计算机化信息和管理系统，改进员工的职业技能，并预测和准备后续教育政策改革。

第二，充足的财政预算对马达加斯加高等教育事业的发展至关重要。该阶段的首要资金来源是国家预算，[1] 但国家预算远不能满足需求，因此，需要通过多样化的资金来源来进行补充，同时建立监测评估机制以保障财政资源的合理使用。

---

[1] République de Madagascar. Plan Sectoriel de l'Education (2018-2022)[R]. Madagascar, 2017: 257.

第七章 职业教育

职业教育的使命是帮助学生获得特定领域的科学技术知识以及基本的实践技能，为进入劳动力市场做好准备。接受职业教育的时间长度根据行业和目标而有所不同。完成职业教育后，毕业生将能够继续深造或作为中高级技术人员进入劳动力市场。马达加斯加的职业教育主要覆盖中等教育阶段和高等教育阶段。

第一节 职业教育的发展和现状

一、历史沿革

腊纳瓦洛娜一世执政时期，除了传教士中的手工业者外，大量外国人被驱逐出境。当时有一位叫约翰·拉博德的法国人擅长技术，在塔那那利佛附近开设了第一所武器作坊，并成为腊纳瓦洛娜一世的专业技术顾问。这标志着马达加斯加职业教育的诞生。

马达加斯加于 1896 年沦为法国殖民地，法国殖民者在殖民期间强调职业教育，在乡村地区开展了相关培训工作。然而马达加斯加的职业教育在此期间缺乏正规机构，通常教学方法、材料等均不系统，教学内容也较为落后，不利于知识的传递。此外，殖民期间的职业教育通常无法深入到当地社区，不利于马达加斯加人民的自身发展。

1960 年独立后，政府致力于普及义务教育，职业教育仍不占主要地位。近年来，随着马达加斯加政局的逐步稳定和经济的发展，职业教育体系逐步完善。和马达加斯加职业教育密切相关的有三个主要立法文件：第 2004–004 号法律、《2015—2019 年国家发展计划》以及《国家就业和职业培训政策》。马达加斯加第 2004–004 号法律对职业教育领域的四大重要方面进行了规定，包括教育和培训的基本原则、教育系统和教育培训的组织、学校的组织管理、教育系统人员的教育培训。《2015—2019 年国家发展计划》是一个基于包容性增长和可持续发展的发展框架，并将技术教育与职业培训的作用定义为有助于实现"满足发展需要的人力资本"的规划。《国家就业和职业培训政策》定义了愿景、目标和战略重点，以支持马达加斯加的发展，包括如下几个方面：旅游、酒店和食品服务业，建筑和公共工程，农村发展，信息技术与通信，纺织服装配件。

技术教育和职业培训部负责马达加斯加的中等职业教育，高等教育和科研部负责高等教育阶段的职业教育，其他中央部委（农业和畜牧业、旅游、渔业和蓝色经济、矿业和战略资源等部门）也提供部分职业教育课程和奖项。

二、发展现状

（一）办学理念

马达加斯加技术教育和职业培训部负责制定并实施国家技术教育和职

业培训的总体政策，根据实际需求，对青年和成年人进行培训，使他们能够有效地为家庭、地区和国家做出贡献。马达加斯加职业教育的办学理念主要包括：

（1）在专业人士的积极参与下，定义、制定并落实相应的培训，以满足当地经济发展的需求；

（2）向学校教育系统之内以及之外的个体提供合格的职业培训，帮助其学习基本专业技能并寻找创业机会，以提高其就业能力和劳动力市场适应能力；

（3）根据不同行业的专业需求，无论是在较为现代还是较为传统的行业，为人们提供初步的技术教育和职业培训，以帮助他们更好地做出贡献。

（二）学制设置

马达加斯加的职业教育分为中等教育阶段和高等教育阶段，见表7.1。

表 7.1 马达加斯加职业教育阶段及获得证书

学制阶段	就读机构	学习年限	获得证书
中等教育	职业培训中心（两年或三年）	两年	学习完成证书 / 定向职业能力证书
		三年	专业能力证书
	职业技术高中	三年（必修）	专业学习证明 / 技术员证书
		一年（选修）	高中毕业会考证书（职业 / 技术）
高等教育	职业技术学院	两年	高级技师文凭 / 专业高级技师文凭

中等教育阶段的职业教育学校共分为两大类，职业培训中心和职业技术高中，各有公立和私立机构。职业培训中心提供两种不同类型的培训课程，分别为两年制和三年制。两年制的课程主要面向小学毕业生。若学生因各种原因无法完成九年制义务教育而选择放弃初中教育，可以在完成两年的职业培训中心提供的课程后获得学习完成证书或定向职业能力证书，并使用该证书寻找相应的工作。获得前者证书的学生可以成为建筑工、木匠、铁匠和刺绣工等，而获得后者证书的学生可以成为泥瓦匠、水管工、油漆工、建筑电工、管钳工等。职业培训中心所提供的三年制培训则面向初中二年级的学生以及获得学习完成证书或定向职业能力证书的学生。顺利通过三年制课程考核的学生可以获得专业能力证书。该证书适用的职业范围包括电气工程师、文员、工料测量师、园艺员、托儿所教师以及木工等。

职业技术高中提供的课程普遍为三年制，面向普通初中毕业生和完成职业培训中心课程的学生，后者申请就读于职业技术高中时需要拥有专业能力证书。职业技术高中的学生需要通过相关课程测试以获得专业学习证明或者技术员证书。前者可用于寻找会计、电气工程师、汽车维修工、秘书、裁缝、木材工程师、电信技术员等工作，后者则用于寻找机械制造、电气工程、汽车修理、印刷、管理、建筑、裁缝、酒店等领域的工作。

在完成三年职业技术高中之后，学生还可以继续学习以获得高中毕业会考证书，包括职业方向和技术方向。职业高中毕业会考证书和技术高中毕业会考证书效力等同，区别在于前者直接面向劳动力市场，而后者则并无强烈的就业导向，学生可以在获得技术高中毕业会考证书之后进入高等职业技术学院深造。

获得了技术高中毕业会考证书之后，若学生继续在职业技术学院深造两年，完成了高等职业教育，可以获得高等教育阶段的毕业证书——高级技师文凭（再拥有一年专业经验后可获得专业高级技师文凭）。此外，学生也可以在结束普通高中学习之后转入职业教育，并接受两年的高等技术培训，以获得高级技师文凭。

1．中等职业教育

马达加斯加中等职业教育阶段有 50 个职业培训中心和 121 个职业技术高中，其中 45% 是私立机构。马达加斯加整体职业教育的普及率并不高，每 100 000 名居民中仅有 287 名接受过职业教育。2014 年，马达加斯加职业教育机构共接收了 65 754 名学生，其中 50.6% 在私立机构学习。[1] 根据马达加斯加政府统计，首都所在大区的职业培训中心和职业技术高中数量较多，分别为 11 所和 12 所。职业培训中心所涵盖的专业包括缝纫、木工、印刷、工业制冷设备维修、厨艺、园艺以及机械等，而职业技术高中所涵盖的专业则包括文秘、会计、商业中介、工程管理、木工、电工、工业电器和自动化等。

近年来，随着马达加斯加经济的发展，中央政府逐步加大了对职业教育的关注，并推出和实施国家就业和职业培训政策。该政策实施的第一阶段开始于 2016—2017 学年。2016 年，17 家职业技术教育机构被选为第一阶段改革对象，包括 9 家职业技术高中、7 所职业培训中心以及 1 所职业技术学院（见表 7.2）。[2] 这些学校以伙伴关系的方式参与改革，而相关机构将根据国家就业和职业培训政策推荐的培养计划对这些学校的课程进行设计和开发。作为第一阶段改革的一部分，公立和私立机构之间建立了一个对话机制，指导与协作委员会的成立也致力于促成不同机构之间的交流和合作。

---

[1] République de Madagascar. Plan sectoriel de l'education (2018-2022)[R]. Madagascar, 2017: 183.

[2] République de Madagascar. Plan Sectoriel de l'education (2018-2022)[R]. Madagascar, 2017: 186.

表 7.2 2016—2017 学年马达加斯加国家就业和职业培训改革

第一批参与学校

学校名称	学校提供的专业方向	对应工作选择
扎曼扎尔职业技术高中	电工、电子、旅游	前台、电工、电缆工
阿拉罗比亚职业技术高中	电脑维护	IT 维护技术员
曼塔索阿职业技术高中	土木工程	建筑工人、瓦工、地形测量工作者
玛哈玛西娜职业技术高中	土木工程	建筑工人、瓦工、木匠
塔马塔夫职业技术高中	建筑、木材、金属	建筑工人、木匠、钳工、焊工、钣金工
安齐拉纳纳职业技术高中	建筑、木材、金属	建筑工人、木匠、钳工、焊工、钣金工
齐拉诺曼迪迪职业技术高中	建筑、公共工程管理	管道工、管道焊工
安培菲洛哈职业技术高中	酒店及餐饮	厨师、调酒师
安巴顿德拉扎卡职业技术高中	农业机械	机械技工、机械电工
安博海德尔推默职业培训中心	纺织	机械技术员
玛哈维洛纳职业培训中心	旅游、餐饮	前台、服务员、厨师
唐博斯科图莱尔职业培训中心	卫生设施	水管工
米列纳卡职业培训中心	畜牧	山羊或绵羊养殖员
马哈赞加职业培训中心	造船	与造船相关的木匠
莫拉曼加职业培训中心	农业	苗圃养护员、家禽饲养员
菲亚纳兰楚阿拉里齐埃职业培训中心	酒店及餐饮	厨师、客房服务员、裁缝、服务业、调酒师
国家基础设施研究所	建筑和公共工程	建筑电工、机器操作员

2．高等职业教育

高等技术学院向中学毕业生开放两年制课程，其中包括 50% 的理论培训和 50% 的实践培训，并致力于帮助学生获得高级技师文凭。具有高级技师文凭和一年专业经验的人可以获得专业高级技师文凭。该阶段课程内容较为实用，实践内容占比达 60%。拥有高级技师文凭或专业高级技师文凭以及两年工作经验的人可以进一步接受两年的培训深造，半理论半实践，从而获得工程师学位。高等技术学院学生每周有 30 小时的课程，每年 30 周。课程设置还包括每年 2 至 4 个月的实习。

高等技术学院一般通过举行入学考试的方式来选择学生，并有权力对学费进行调整。他们为学生提供奖学金，但不提供其他服务。很多马达加斯加高等技术学院与国外高等教育机构建立了良好的伙伴关系，且管理效率有时比公立大学更高，更能应对教育市场的变化。然而，高等技术学院也有其自身的弱点。例如，部分学生入学时学习表现较差，且无法在两年的学习中缩小差距以满足既定的标准。学院也不鼓励教师在私营公司工作以提升他们的技能，而当教师这样做时，他们的努力也得不到认可。

马达加斯加最早的两所高等技术学院于 1992 年在塔那那利佛和安齐拉纳纳创建。1998—2009 年，有约 5 000 名学生获得了文凭，其中 80% 的毕业生通常在 6—10 个月后能够找到带薪工作。2005—2006 学年，塔那那利佛和安齐拉纳纳两个学院的学生总数不到 1 000 人，占高等教育总入学人数的 2%。[1] 马达加斯加第三所高等技术学院于 2008 年在安布西特拉成立。安齐拉纳纳、马哈赞加、图利亚拉大学开始提供职业技术培训。后来，马达加斯加对高等职业技术培训的需求增长非常迅速。2009—2012 年，塔那那利佛学院和安齐拉纳纳学院的申请人数分别从 950 人和 600 人增加到了 1 700 人和 1 250 人。马达加斯加现共有七所高等技术学院，分别为塔那那利佛高等技术学院、安齐拉纳纳高等技术学院、安布西特拉高等技术学院、邦古拉瓦高等技术学院、阿努西高等技术学院、梅纳贝高等技术学院、图莱亚尔高等技术学院。

---

[1] 资料来源于世界银行网站。

目前，马达加斯加最主要的高等技术学院为塔那那利佛高等技术学院、安布西特拉高等技术学院、安齐拉纳纳高等技术学院。以 2018—2019 学年为例，这三所高等技术学院共招收了 2 973 名学生，其中塔那那利佛高等技术学院的学生占 50%。[1] 该阶段的学习时间一般持续 2—3 年。以塔那那利佛高等技术学院为例，学生可选择短期、硕士工程师、远程以及继续教育等课程。任课教师包括大学教师和职业培训人员。以硕士工程师为例，该学院提供三个专业，分别为土木工程、工业工程、企业管理与贸易工程。任何持有学士学位或同等学力的外国人均可申请入学，所有申请者都需要通过入学测试，且任何人不得参加两次以上入学考试。在塔那那利佛高等技术学院就读的学生需要严格遵守上课和实习的时间，平均每周 36 小时，持续 32 周。学校教师和管理人员全年不间断地对学生进行监督，任何违反一般纪律的行为都会受到制裁。

自成立以来，塔那那利佛高等技术学院已与 500 多家国内外企业进行合作，合作方式包括由合作企业提供课程及参观、实习、考察等机会，此外还有教师交流、学生交流、研究分享、公司支持大学的研究与培训等，大学也会为公司提供支持、帮助和建议。国际合作伙伴包括留尼汪大学、勒阿弗尔大学、南布列塔尼大学、加拿大魁北克大学三河校区、塞尔吉-蓬图瓦兹大学以及塞内加尔达喀尔大学高等技术学院等。[2]

（三）与国际相关机构紧密合作

马达加斯加政府长期与国际相关机构保持紧密的合作，以促进其职业教育工作进一步拓展与深化。职业教育阶段国际合作的主要方式为向当地职业教育阶段的师生提供培训，主要合作伙伴包括法国开发署和欧洲合作

---

[1] 资料来源于马达加斯加高等教育和科学研究部网站。

[2] 资料来源于世界银行网站。

与发展研究所等。

以马达加斯加和法国开发署的合作为例，2018 年，在马达加斯加国家就业中心和法国开发署的支持下，技术教育和职业培训部与建筑行业公司之间的合作得到进一步加强，双方了签署两份合作协议，主要合作内容包括加强建筑行业培训系统的共同管理以及为塔马塔夫、安齐拉纳纳、图利亚拉等技术高中的教师组织培训课程。该框架协议旨在加强私立机构在建筑行业培训系统内的参与程度，并通过组织教师培训与实习等举措使职业教育与就业更好地衔接。该计划的 5 个试点机构（塔那那利佛的马哈马西纳技术高中、曼塔索阿技术高中、安齐拉纳纳技术高中、塔马塔夫技术高中和图利亚拉的唐博斯科职业培训中心）的 50 名教师利用为期 4—6 个月的时间加强他们的技术和专业组织运作技能。2018 年 11 月起，共有 3 000 名学习者从这些实践培训中受益，尤其是在砌体结构、管道、卫生设施、建筑电力、瓷砖和精加工、焊接 / 管道和木工以及屋顶等领域。[1]

除了法国之外，马达加斯加政府还积极与欧洲合作与发展研究所进行合作。2020 年 1 月 1 日，欧洲合作与发展研究所和马达加斯加开始在酒店行业进行为期两年半的合作，合作金额高达 15 万欧元。[2] 该合作主要基于稻田酒店学校。该学校于 2013 年在菲亚纳兰楚阿成立，位于贫困率较高的上马齐亚特拉大区。该学校在烹饪、餐饮和住宿三个方面成功了培训了 255 名处于弱势的青年，80% 的年轻毕业生成功进入酒店和餐饮行业。鉴于所取得的成功，该项目一方面希望延续稻田酒店学校的工作，另一方面也希望在马达加斯加推广此类培训系统并推广这种商业模式。2018—2019 学年，该学校积极寻求合作伙伴，通过降低运营成本和组建团队的方式来促进组织实现财务自主。欧洲合作与发展研究所希望通过推广并强化该校的酒店和餐饮业职业培训，促进马达加斯加弱势青年的社会职业融合。该合作计划

---

[1] 资料来源于法国驻马达加斯加大使馆网站。

[2] 资料来源于摩纳哥政府网站。

预计直接使 150 名 17 至 25 岁的贫困青年受益，其中包括 102 名女性；来自稻田酒店学校和塔那那利佛面包行业的 40 名培训师和工作人员以及实习生导师 10 人。该计划的最终目标是希望在当地建立稳定强大的培训团队，帮助年轻人很好地融入当地劳动力市场。

第二节 职业教育的挑战和对策

一、面临的挑战

（一）机构数量不足且分布不均

从预算上看，分配给职业教育的国家预算并无法确保其"发展青年就业能力"的公共服务使命。2014 年职业教育支出仅占国家公共支出的 0.91%，约占教育支出的 3.8%，其中教师工资支出占职业教育支出的 50% 以上。[1] 职业教育与培训系统虽然也可以从企业获得资金，但占比较低。教育预算不足现象在农村地区尤为明显。由于农村地区的职业教育机构规模通常较小，所以培训平均成本很高。以 2013—2014 学年抽样调查为例，30 家职业培训中心中有 19 家机构的规模低于全国平均水平（2013—2014 学年为 130 人），其中有 9 家机构的注册学生人数少于 40 人。[2]

总体上看，马达加斯加职业教育机构相对来说数量不足且分布不够均衡，目前只惠及少数年轻人，且主要是城市青年。马达加斯加 119 个县中只有 69 个拥有公立职业教育机构，22 个大区中有 7 个没有职业培训中心，

---

[1] République de Madagascar. Plan sectoriel de l'education (2018-2022)[R]. Madagascar, 2017: 186.

[2] République de Madagascar. Plan sectoriel de l'education (2018-2022)[R]. Madagascar, 2017: 186.

1 个大区（安德鲁伊）既没有职业培训中心也没有职业技术高中。[1] 超过 80% 的年轻人从 15—16 岁开始就处于正式教育体系之外。650 万在校儿童中只有 0.6% 参加了正式的职业教育。[2] 学习者人数的平均年增长率因不同培训项目而异，例如，从 5%（服装行业）到 52%（旅游与酒店），通常没有性别差异。在某些行业，女性占大多数，例如服装、旅游以及酒店业等行业中女性学习者占 62%。

（二）与劳动力市场衔接不够

马达加斯加的职业教育领域大约有 60 个专业方向，虽然数量较多，但培训内容和质量并无法满足劳动力市场的需求。据 2013 年进行的一项关于年轻人向职业生活过渡的调查，96.9% 的年轻人表示，就他们目前所从事的工作而言，他们并未从职业培训中受益。[3] 调查显示，原定在 2006—2010 年强劲发展的采掘业在当地劳动力市场上无法找到可以满足需求的人才储备。尽管某些工作领域提供了工作机会，但大多数职业教育的学习经历并无法帮助他们获得高质量工作。大多数学习机构没有车间，设备陈旧，其中最新的设备还是 20 世纪 90 年代的，并且教学材料数量不足，质量不过关。学校使用的教学方法主要侧重于该行业的理论学习，很少为毕业生提供求职帮助。即使这些受过培训的年轻人被聘用，由于学习过程中使用的技术和设备与公司实际工作之间存在差异，他们其实并不具有直接开始工作的能力。因此，公司被迫在招聘后对他们进行额外培训。

对于农村地区来说，职业教育体系仅培训了 3.2% 的农业工作者，而农业作为马达加斯加经济的基础部门，涵盖了 73.6% 的劳动力。由于缺乏足够

---

[1] République de Madagascar. Plan sectoriel de l'education (2018-2022)[R]. Madagascar, 2017: 183.

[2] République de Madagascar. Plan sectoriel de l'education (2018-2022)[R]. Madagascar, 2017: 183.

[3] République de Madagascar. Plan sectoriel de l'education (2018-2022)[R]. Madagascar, 2017: 183.

的专业培训，农业工作者仍然使用传统的工具和技术。因此，农业对国民经济增长的贡献不足。

（三）缺乏高质量师资

缺乏足够的高质量师资也是阻碍马达加斯加职业教育发展的重要因素。马达加斯加职业教育机构中有约 1 985 名教师，其中 50% 是公务员，行政人员和技术人员共有 974 人，其中公务员占 52%。[1] 培训人员存在老龄化问题，据统计绝大多数教师在 50—60 岁年龄段。新招聘的教师在大多数情况下没有其授课行业的专业经验。教学资源大多数为法语，而掌握这门语言的教师数量却不够。大多数教师既没有接受过师范类专业教育机构的初始培训，也没有接受过继续教育。[2]

二、未来对策

职业教育的目的是使大量年轻人有资格或重新有资格从事工作，并开发人力资本，以增强国家实力并实现可持续发展。马达加斯加职业教育的改革主要围绕三个关键点进行，即职业教育普及率的提高、职业教育阶段课程质量的提高以及职业教育管理效率的提高。

（一）提高普及率

为了增加人民获得职业教育培训的机会，马达加斯加政府计划主要从

---

[1] République de Madagascar. Plan sectoriel de l'education (2018-2022)[R]. Madagascar, 2017: 185.

[2] République de Madagascar. La politique nationale d'emploi et de formation professionnelle[R]. Madagascar, 2015: 28.

三个方面进行改革：建立广泛且包容的职业教育体系，建立创新的和正规的培训体系，建立和完善职业教育机构。

为了建立广泛且包容的职业教育体系，政府设立了两大目标。一是制定国家资格认定框架，以改善就业市场和培训体系之间的联系，并将职业教育文凭更好地纳入劳动力市场，协调职业教育阶段的课程与基础教育和高等教育的课程，以提高受训人员的流动性和专业融合度。二是提高课程的多样化程度来适应不同学习者，以确保公民有机会接受职业教育。不同级别的课程设置更能满足不同群体的需求，如工人、技术员和高级技术员等。

建立创新的和正规的培训体系主要有三大具体目标。一是创新传统学徒制，以培养工人的实操技能，这是对职业教育课程的有益补充。二是承认正规公司是工作场所与实践场所的提供者，以促进各公司在其内部对员工进行培训以发展其技能。三是在私立和公立职业教育机构之间共享、互惠。

建立和完善职业教育机构的目标是保证每一个大区都至少拥有一个满足当地现代化标准的职业教育机构，并在具有高就业潜力的地区创建或提高已有职业教育机构的等级。

（二）提高课程质量

马达加斯加相关部门认为，提高职业教育课程的质量有三大重要着力点：一是开发与完善各生产部门所需的教学培养规划，以弥补过往培训计划与现有工作之间的重大差异；二是制定相应规则以保证教学质量和培训方案的相关性；三是增强毕业生可雇佣能力。

为了成功地开发与完善适应时代需求的教学规划，马达加斯加政府计划制定国家认证框架，以建立与工作所需技能相适用的认证标准，尤其保障国家 5 个优先发展领域的需求，包括旅游—酒店—餐饮、建筑—公共工程—战略资源、农村发展、信息和通信技术、纺织—服装—配饰。

为了保证教学质量和培训方案的相关性，马达加斯加政府计划设计和实施企业质量基准以及认证和培训的流程规范；培养高效且积极主动的教师、主管和员工，并制定特殊教学计划，包括新教师和现有教师的继续教育以及专业教师（如公司导师）的继续教育等；雇用专业教师，以确保课程的相关性。

为了提高毕业生在就业市场上的适应能力，马达加斯加政府计划提供职业指导服务，让学校以及相关业务部门的指导顾问发挥其作用，让年轻人了解潜在的工作岗位和相应的培训机会。此外，政府还计划大力开展校企合作项目，发起适应市场和学生需求的相关就业项目。

（三）提高管理效率

管理效率的进一步提高需要保证四大重要事项。

第一，对各级职业教育与培训的伙伴关系进行指导，并加强就业市场与职业教育培训机构之间的联系。这需要确定各级就业和培训的战略方向，同时成立职业教育与培训伙伴关系指导委员会，确保所有教育机构与促进就业的本地机构相关联，同时还需要根据当前和未来的就业需求规划职业教育政策的具体实施步骤，尤其是涉及优先部门行业所需的技能。

第二，保障职业教育机构的自主性。为此，马达加斯加政府加强学习者与劳动力市场的联系，大力支持校企部门的工作，同时为职业教育机构建立地方资助机制，并设有监督机构，且确保学习后的跟进（分为6个月和1年两个时间段）。

第三，马达加斯加政府计划建立一个能够确定和预测的信息系统。该计划分为三步：第一步是创建国家信息平台，第二步是创建计算机化信息系统，第三步是创建区域和地方信息网络。此外，政府需要大力收集并整理与职业教育工作相关的信息与数据。

第四，进行改革以开展高校负责制的管理体制。通过加大管理力度，马达加斯加政府对下属部门和机构实施更为有效的监控。例如，通过招聘重要工作人员（工程顾问和财务检查员等）来监督职业教育培训人员，以达到优化人力资源的目标。[1]

---

[1] République de Madagascar. Plan sectoriel de l'education (2018-2022)[R]. Madagascar, 2017: 28.

第八章 成人教育

受教育权适用于所有人，不分年龄。成人教育，也称为继续教育，主要面向被所在社会视为成年人的个人，目的是完成一定程度的正规教育，或获得知识、技能和新领域的能力，或更新他们在特定领域的知识。[1] 该阶段的学习模式包括广播节目、函授课程、座谈会、研讨会、讲习班以及小组讨论等。

成年人（重新）接受教育的目标有很多，包括重新接受错过或被忽视的小学和 / 或中学教育、培养基本的技能（例如识字和算术）、开发新的专业技能和专业知识以适应不断变化的劳动力市场条件或职业改变、继续学习以促进个人发展、充分参与社会生活。通过接受成人教育，居民可以享受工作权、健康权以及参与文化生活和处理公共事务的权利，培养参与社会所需的技能和知识并强化自己的公民身份。

由于马达加斯加经济发展有限，且文盲率仍处于较高水平，因此成人教育主要为扫盲教育。扫盲教育为本章主要分析对象。

---

[1] 资料来源于联合国教科文组织网站。

第一节 成人教育的现状

一、扫盲教育概况

自从 1960 年独立以来，相关中央部委（2007 年前为人口部，2007 年后为国民教育部）以及各级地方政府、非营利组织等合作开展了多种扫盲行动。20 世纪的扫盲活动较为分散，且无明确的规章制度。2003 年，马达加斯加推出了国家扫盲和成人教育政策，致力于协调各部门的工作，使工作流程正式化，明确主要组成部分，包括实用识字技能、家庭和社会生活培训、公民教育等，并用绩效标准评估学习者的成就，以促进他们更好地融入社会经济生活。上述扫盲教育政策主要基于三个要点：根据生产关系灵活调整政策，激励每个公民以便让个人参与城市管理，以及为战略实施和计划调整调动必要的资源。更确切地说，这些目标包括到 2012 年使 80% 的文盲人口达到识字水平，优先促进职业融合和帮助识字人口重新融入社会；将扫盲计划普及到尽可能多的人口；为扫盲教育有关的计划提供高效的管理；制定与经济、就业和国家经济整体发展相关的扫盲计划；促进不同机构之间的协同作用，使扫盲教育快速发展。

2007 年起，马达加斯加扫盲工作由国民教育部负责，并且被归类为非正规教育。扫盲项目被分为三个阶段：扫盲前、扫盲中和扫盲后。在扫盲前阶段，学习者通常需要掌握基础知识，包括从 0 数到 99，写出 a 到 z 的字母，并且知道一些普通算术符号。在扫盲课上，学习者逐渐从最简单的内容开始学习并逐渐熟悉更复杂的概念。阅读、写作和算术技能的授课要求可能会根据环境和学习者的需求而有所不同。每个扫盲中心都可以制定自己的社交活动计划，例如在院子里组织会议、集会、演出流行歌曲、运动等，还可以请当地专家主持讨论。为了避免学习者重返文盲，政府在扫盲课程结束后还整合扫盲后活动，以便通过教育支持服务和各种媒体的帮助来满足人们多方面需求。最终目标是助力人民利用扫盲课程来改善生活，并为发展专业、管理和领导能力创造机会。

2012 年起，马达加斯加扫盲工作的重点逐渐从提高公众意识转向强调扫盲的好处，并呼吁所有相关机构与人员努力到 2015 年将全国文盲率降低到 25%。[1]

尽管马达加斯加 2000 年初制定的发展目标尚未实现，但是国民教育部在扫盲方面的努力正在取得成果。2015 年，由联合国教科文组织颁发的国际扫盲奖的五个获奖国家中就包括马达加斯加，其他四个获奖国家分别为莫桑比克、斯里兰卡、智利和斯洛伐克。[2]

2015—2016 学年，马达加斯加国民教育部与技术和财政合作伙伴（如联合国教科文组织／开发计划署的 AVOTRA 项目等）一起发起扫盲计划，开展扫盲行动。[3]

二、扫盲教育成效

马达加斯加根据教育背景将 15 岁及 15 岁以上人口分为 8 类，分别为从来没有受过学校教育或仅完成了学前教育、小学阶段未完成（完成了部分学习年限但未获得小学毕业证书）、小学学历（完成了小学阶段的所有学习且获得了小学毕业证书）、初中阶段未完成（完成了初中部分学习年限但未获得初中毕业证书）、初中学历（完成了初中阶段的所有学习且获得了初中毕业证书）、高中阶段未完成（完成了高中部分学习年限但未获得高中毕

---

[1] 资料来源于联合国儿童基金会网站。

[2] 资料来源于马达加斯加国民教育部官网。

[3] République de Madagascar. Plan sectoriel de l'education (2018-2022)[R]. Madagascar, 2017: 78.

业证书）、高中学历（完成了高中阶段的所有学习且获得了高中毕业证书）、高等教育水平（完成了高等教育阶段部分学习年限或获得了高等教育阶段毕业证书）。

从学历上看，2012—2013 学年，马达加斯加 15 岁及 15 岁以上人口中，62% 没有任何学历学位证书（其中农村地区 70.8%、城镇地区 27.4%），22% 拥有小学毕业证书（最高学历），9% 拥有初中毕业证书（最高学历），20% 拥有高中毕业证书（最高学历）。没有任何学历的人口比例在 70% 的大区包括安德鲁伊（91.8%）、梅拉基（85.2%）、阿努西（81.5%）、阿齐穆-阿齐纳纳纳（81.0%）、瓦托瓦维-菲图维纳尼（81.0%）、梅纳贝（77.7%）、伊胡龙贝（76.7%）、邦古拉瓦（76.0%）、贝齐布卡（74.6%）和阿纳兰伊鲁富（73.6%），而没有任何学历的人口比例低于平均数的大区有阿纳拉曼加（33.8%）、布埃尼（57.1%）和迪亚纳（55.1%）。

从整体上看，马达加斯加人口中识字率在缓慢上升。2005 年时，马达加斯加 15 岁及 15 岁以上人口中的识字率为 58.9%（其中女性识字率为 54.8%，男性识字率为 63.4%），2009 年的识字率为 64.5%（其中女性识字率为 61.6%，男性识字率为 67.4%），2012 年的识字率为 71.6%（其中女性识字率为 68.3%，男性识字率为 75.0%），而 2018 年的识字率为 74.8%（其中女性识字率为 72.4%，男性识字率为 77.3%）。[1]

联合国人口基金会 2012—2013 学年的调查结果显示，马达加斯加识字率 / 文盲率根据年龄、性别、居住地和经济状况的不同而不同。

从年龄段上看，11 岁以下人口的文盲率为 22.9%，11—14 岁为 14.7%，15—45 岁为 26.4%，45 岁以上为 36%。[2] 总体上看，28.4% 的马达加斯加人仍然被认为是文盲，71% 的 15 岁及 15 岁以上人口会阅读短文，70% 会写信，78% 会算数。

---

[1] 资料来源于世界银行网站。

[2] République de Madagascar. Plan sectoriel de l'education (2018-2022)[R]. Madagascar, 2017: 139.

从性别上看，女性识字率为 68.3%，男性为 75.0%，且男性识字率长期高于女性识字率。20 世纪末，女性群体中无法流利阅读文本或者流畅读出一句话的比例在 25—29 岁年龄段中较高，而迈入 21 世纪以后，40—49 岁年龄段中文盲女性比例上升。[1] 随着马达加斯加的发展，男女文盲率的差距正在稳步缩小。这种现象在最年轻的人群（15—24 岁）中比在整个人群中更为明显。

从居住地上看，首都成年人的识字率为 97.2%，其他大城市为 90.9%，城市为 93.3%，农村为 66.2%，地区差异较大。15—24 岁的青年识字率在阿纳拉曼加、伊塔西、瓦基南卡拉特拉、迪亚纳、萨瓦和上马齐亚特拉等大区较高，而在安德鲁伊大区则较低。15 岁及 15 以上所有成年人中识字率较高的大区为阿纳拉曼加、伊塔西和瓦基南卡拉特拉大区。

从经济条件上看，最贫困家庭中的识字率为 46.4%，而最富有的家庭中这一比例可达 86.8%。[2] 可以说，家庭越富裕，识字率越高；户主受教育程度越高，识字率就越高。

三、扫盲教育未来目标

马达加斯加扫盲教育阶段最主要的三大目标包括显著降低文盲率、设立成人识字网站以及让儿童重新融入教育系统。具体目标为到 2030 年，确保所有年轻人和相当大比例的成年人（包括男性和女性），都可以拥有阅读、写作和算数的能力，尤其是在识字方面，并在 2030 年前将 15 岁及 15 岁以

---

[1] RAKOTOMANANA F al. Enfants hors l'école et analphabétisme à Madagascar: analyse des métadonnées et mesure[R]. Québec, 2020: 52.

[2] République de Madagascar. Plan sectoriel de l'education (2018-2022)[R]. Madagascar, 2017: 78.

上的文盲率降低到 25%。[1] 对于 15—45 岁的群体来说，马达加斯加政府的目标是在 2022 年前将文盲率降低到 30.5%，并至少帮助 75% 的新脱盲居民更好地融入劳动力市场，找到理想工作。为此，所有参与扫盲工作的工作人员，包括教师、管理者、班主任等，都需要接受培训。

该计划的具体目标包括：想要 / 可以参加识字班的文盲人数持续增加；11—14 岁的年轻人和 15—45 岁的成年人可以在政府补贴扫盲中心、非政府补贴扫盲中心等机构接受教育；扫盲中心得到补贴，学习者得到学习资源；建立并开始运行扫盲和资源中心；扫盲工作者的能力得到加强；新识字者融入或重新融入学校或职业培训中心；扫盲工作的模式得到统一；扫盲数据库可用且保持更新；对学习者进行评估，并由主管执行后续任务。

研究显示，45 岁以下成年人在扫盲学习过程中通常学习效率更高，而 15 岁以下的儿童仍然有机会选择进入正式教育体系。因此，针对不同的人群，马达加斯加政府需开发符合不同需求的扫盲项目。除了非政府组织、协会和其他部委所做的工作之外，马达加斯加还计划在每个大区设立一个扫盲和资源中心。有许多协会、团体、社区甚至个人希望开展扫盲活动，但由于培训扫盲教师和辅导员 / 主管的成本高昂以及缺乏性价比高的教学材料，很多尝试并不成功。为鼓励这些举措，马达加斯加政府计划向参与扫盲的工作人员提供简单明了的扫盲教育文件，并配有教学指导材料。

对马达加斯加政府来说，识字本身并不是目的，它必须具有功能性。扫盲和成人教育旨在改变成人学习者的行为，使他们成为学习、发展和社区的参与者，并能真正从学习中获得实际收益。要取得成效，成人教育计划必须以学习者的需求为基础。

---

[1] République de Madagascar. Plan sectoriel de l'education (2018-2022)[R]. Madagascar, 2017: 77.

第二节 成人教育的经验

马达加斯加的扫盲活动主要由马达加斯加政府与非政府组织 / 非营利性组织合作开展。例如，联合国教科文组织和联合国开发计划署的联合资助使超过 1 800 名成年人从扫盲班中受益。关注马达加斯加基金会从 2002 年开始建立扫盲中心，至今共建立了 20 多所扫盲中心，同时还提供教学设备、教师培训和薪资发放资助等。该基金会一共帮助了 3 500 多名居民走出文盲状态。[1] 阿萨姆基金会于 2017 年在马达加斯加南部安德鲁伊大区 300 多个扫盲中心帮助了 8 500 多人，并在项目开展的 5 年内帮助了 3 万余人。[2]

在践行以上扫盲计划期间，马达加斯加政府根据目标人群的类别开发了不同的识字计划，如 VOZAMA 法（拯救马达加斯加儿童）、REFLECT 法（通过赋予社区技术能力来促进发展的弗莱雷扫盲）、Alpha FJKM 法（教会开展的扫盲工作）、ASAMA 法（马达加斯加青少年学校行动）、SMT 法（好读好写战略）、AFI-D 法（强化功能性识字促进发展战略）、AFISOD 法（功能性扫盲支持发展战略）等。不同扫盲项目因地理位置和扫盲机构而异，各项目根据学习者的需求和教学材料的不同进行调整，课程从 40 天到 365 天不等。

在上述这些扫盲实践中，有三种表现相对更为突出，分别为 SMT 法（好读好写战略）、AFI-D 法（强化功能性识字促进发展战略）、AFISOD 法（功能性扫盲支持发展战略）。下面将分别对这三种扫盲方式进行介绍。

一、好读好写战略——SMT 法

好读好写战略是由马达加斯加圣经公会实施的一种扫盲策略。该战略

---

[1] 资料来源于关注马达加斯加基金会网站。

[2] 资料来源于阿萨姆基金网站。

旨在提升每个人的能力，以提高学习者的综合竞争能力。该战略的总体目标包括帮助学习者重新入学，使年轻人为工作做好准备，并提高学习者家庭的整体生活水平。通过参与好读好写战略，学习者们可以打开职业培训之门，获得各种激发其好奇心的信息，从而保证他们的职业发展。该战略的工作规划包括开展持续性的培训，加强对地方委员会成员的辅导和培训，根据每个人的实际情况为培训者提供便利，尤其是在农村地区，制定监督机制，制作教学材料并保证其可用性，以及进行年度评估。

好读好写战略将一个班级的学生人数限制在 20 人以内，一般持续 4—5 个月，每周 5 天，每天 2.5 小时。课程主要目标是通过使用马达加斯加语掌握阅读、写作和算术能力。其他科目，如法语启蒙、公民教育、基础计算机科学入门等，取决于学习者的年龄和选择。时间表灵活，但没有扫盲课程后的规划。每位学员的费用约为 15—25 美元。

二、强化功能性识字促进发展战略——AFI-D 法

许多马达加斯加组织使用好读好写战略多年，该方法侧重于培养阅读能力。1997 年开始，包括非政府组织和农业合作社在内的一些马达加斯加组织一起构思了一种新方法，以帮助学习者获得就业所需的识字技能。2001 年，该方法被系统化并被命名为强化功能性识字促进发展战略。该战略与社会、经济和文化等各个领域的发展需求密切相关，具有高实用性。授课对象为社区负责人或者是对当地发展必不可少的劳动者。

该战略将 8 周的学习时间分为 4 个阶段，每个阶段间隔 12 天，这个间隔的缓冲时间可以让学习者休息、消化所获得的知识并重新融入他们的社会经济环境。课程以识字、简单会计和管理等为主。

该战略要想取得较好的效果需要做好以下几个方面，包括协商会议、

前期调研、制定目标、制定培训计划、术语研究、设计和预测试、用马达加斯加语编写扫盲和扫盲后的学习材料以及针对扫盲教师的培训等。该战略是一项跨学科行动，需要合作机构之间进行协商和密切合作；它也是一种量身定制的培训，旨在满足特定需求。每位学习者的费用约为11—17美元。

三、功能性扫盲支持发展战略——AFISOD 法

功能性扫盲支持发展战略最初由马达加斯加政府与专门从事扫盲的合作伙伴联合开发，以遏制文盲率上升，减少成人文盲人数，加强人口整体能力。该战略目标是让15岁以上、相对无法理解单词或计算数字的男性或女性通过240小时的学习获得以下技能：能够进行阅读和书写简单的单词和句子；使用马达加斯加字母表的21个字母和14个复合字母；能够阅读、理解简单运算的机制，尤其是使用加减乘除法等。通过288小时的学习后，学习者应该写出至少5行的段落，使用所有字母和字母组合，并尊重马达加斯加语文本的语法规则，理解日常设备或材料的使用说明，使用简单的管理工具，并以书面形式开发小型项目。

为了让功能性扫盲支持发展战略能够为学习者和社区带来预期的结果，学习班与当地需求紧密联系，并根据不同标准对学习者进行分类。通常情况下，每名教师最多指导25—30名学习者。学习共分三个阶段：第一阶段为期一个半月，第二阶段为期一个半月，第三个阶段为开始识字后的3个月。从整体上看，该战略有三个相辅相成的阶段：扫盲前阶段、扫盲阶段本身、扫盲后阶段。学习者学习的成功与否主要取决于是否能有效完成每个阶段所规定的连续任务。该战略的学习时间规划不太灵活，每位学员的费用约为15—25美元。

该战略下常见的管理系统为地方扫盲委员会，汇集了中央政府、当地政府、当地技术人员和学习者的代表、当地实体机构（如公司、教堂和相关协会等）以及扫盲工作者（为扫盲工作做出贡献的当地教育官员、训练有素的扫盲教师以及为确保项目落地的项目负责者）。

第三节　成人教育的挑战和对策

一、面临的挑战

马达加斯加有些地区文盲率很高，有些地区相对较低，但文盲率较高地区的扫盲工作并没有得到相应的重视，学习者的流失率很高，并且学习计划通常无法完成。例如，在强化功能性识字促进发展战略开始实施时，执行方式与农村地区的实际情况之间明显缺乏匹配度，一些地区的学生流失率很高，有时甚至超过50%。虽然该战略为学习者提供膳食，但村民认为辍学的原因之一是他们无法在农场工作、谋生或在每天参加8小时培训课程的同时为家人提供膳食。调研发现，扫盲课程的时间越长，到培训中心的距离越远，流失率就越高；在农业活动高峰期、饥荒和飓风季节、当学习者面临更重的社会经济义务时（例如当家庭成员中有人突发疾病时），辍学率也很高；学习者没有明确了解如何才能真正从扫盲项目中受益，即动机低下，那么学习者就越容易流失。

扫盲工作的实际效益并不显著。由于扫盲课程结束后没有产生收入的活动来使新受训的学习者能够在日常生活中应用他们的技能，他们很容易退化为半文盲或完全文盲。扫盲项目对学员的生活水平提高作用非常小，有时影响甚至是负面的（由于时间"浪费"在培训课程），因此，学员们难以参与更为深入的扫盲学习，也不利于潜在学习者参与扫盲课程。[1]

二、应对策略

面对如上困难与挑战，马达加斯加中央政府计划采取五大策略：通过更精准地识别文盲来提高扫盲课程的人数，并鼓励目标受众参与扫盲项目；增加文盲和辍学者的学习机会并使学习方式多样化，逐步建立扫盲点并在每个地区创建一个扫盲和资源中心；为扫盲工作者设计并提供简单明了的教学指导资料，通过提高扫盲人员的专业能力来提高扫盲服务的质量；提高扫盲课程的功能性，促进学习者在课程之后更好地融入社会和劳动力市场；在管理和治理层面更新国家扫盲战略，更新扫盲数据库并建立监测和评估系统。[2]

第一，提高参加扫盲课程的学习者人数。一方面，马达加斯加的文盲程度较高，大多数地区都能从扫盲行动中受益，但还需优先考虑文盲现象最为严重的地区，主要为南部地区。每次扫盲运动之前，要收集 142 个扫盲区域的文盲数据，以便选择更合适的开始地点。另一方面，马达加斯加政府计划鼓励更多目标受众参与课程，接受培训。由于许多文盲没有学习动力，国民教育部其他部门单独或同时开展相关活动以进行社会动员，让更多的人了解到扫盲或资源中心的存在，说服潜在学习者在扫盲中心注册。

第二，增加文盲和辍学者的学习机会并使学习方式多样化。国家在每个大区都保证建立至少一个扫盲和资源中心，同时对相关扫盲协会和非政府组织已经开展的行动提供支持。不同学区将逐步建立由各学区独自负责的扫盲网站。国民教育部在各学区设立的扫盲中心将得到相应的经济补贴

---

[1] 资料来源于斯坦福大学网站。

[2] République de Madagascar. Plan sectoriel de l'education (2018-2022)[R]. Madagascar, 2017: 21.

和所需的教学材料，包括学习工具包、中心管理工具包和运营预算等。根据马达加斯加政府的计划，每个扫盲和资源中心将有一个可容纳多达 40 名学生的大教室、一个用作文献中心或图书馆的小房间、一个取水点、厕所，并在可能的情况下提供电力（由太阳能电池板供电）。文献中心或图书馆将对周围扫盲中心的负责人开放，以便他们获取信息或寻求建议。负责各中心的扫盲工作人员将为全职员工，并参与文献中心或图书馆的工作。

第三，提高扫盲学生毕业后适应劳动力市场的能力。所有扫盲工作都必须帮助学习者重新回归学校或（重新）进入劳动力市场。11—14 岁的学习者，如果他们希望继续学习，可以根据他们的年龄和识字水平，在 4 年级或 7 年级插班重新上课；15—45 岁的学习者可以接受技术和 / 或社会专业培训，以便获得必要的工作技能。此外，政府将在扫盲课程结束后整合扫盲后活动，帮助学习者把他们学到的东西付诸实践（如通过有意识的投票、阅读报纸、咨询特定的宪法条文等），以避免返盲，确保人民可以利用扫盲课程来实际改善他们的生活。

第四，提高扫盲课程的质量。政府将设计并向扫盲工作者提供简单明了的指导文件，分为两种不同级别的教学材料，以适用于 11—14 岁和 15—45 岁这两个年龄组。国民教育部以及扫盲和资源中心会向各扫盲机构提供这些文件的数字版本以及纸质版本。政府还计划开发新的方法或扫盲策略，使学习内容和方式多样化，以便每个人都可以根据自己的需要进行选择。加强扫盲领域工作者的能力对提高扫盲课程质量也非常重要。为了提高扫盲工作者的能力，一方面对他们的学历提出了要求，另一方面还制定了继续教育计划。扫盲教师至少 21 岁，接受了中等教育或具备同等学力，并且受过培训师培训。扫盲项目组织者必须拥有学士学位文凭。扫盲教师培训者必须拥有学士学位以上文凭。国民教育部将为扫盲教师组织 15 天的培训，为扫盲项目组织者提供 17 天的培训，扫盲教师培训者还可以接受 20 天的培训。[1]

第五，提高扫盲领域的管理效率。更新扫盲数据库是有助于提高管理效率的重要手段之一。由于并非所有参与扫盲培训的实体都被列出或计算在内，从扫盲中受益的人数也无法得到确切数据。马达加斯加政府计划实施一个简单的行政程序，以便任何从事或想要从事扫盲工作的人都能够前往当地扫盲中心进行注册，以用作统计基础、监测和行动计划。此外，为保证教育质量，建立适应新战略的监测评估体系至关重要。学习监控系统和学习者评估系统将被整合到培训师、辅导员 / 主管和扫盲教师的培训中。由至少具有学士学位证书的协会或社区代理人每月监测学习情况，辅导员 / 主管对中心的工作情况进行总结报告，以促进后者的任务。每年应在主要利益相关者的参与下举办区域评估研讨会。

马达加斯加的贫困影响着大部分人口。虽然与过去相比，马达加斯加政局逐渐稳定，经济也逐渐得到发展，但与此同时，不平等现象也有所加剧。随着全球化的发展，扫盲和成人教育变得越来越重要。归根结底，文盲仍然是贫困和不发达的原因和表现形式。只有当文盲成为中央政府和地方政府高度重视的对象，并通过地方、区域、国家和国际层面的广泛合作，才能从根本上扫除文盲。

---

[1] 资料来源于联合国教科文组织网站。

第九章 教师教育

教师对学生的教育有着至关重要的影响。马达加斯加的教师教育主要由三个部委负责：国民教育部、技术教育和职业培训部、高等教育和科研部。尽管每个部委都制定了自己的培训战略，但三个部委在教师培训方面的总体指导方针是相通的。近年来，随着马达加斯加学生数量的显著增加，教师数量明显不足，且教师资质也难以保证。政府对三个部委分别提出了相应的改革措施和指导方针，其有效性有待观察。

第一节 教师教育的现状

一、教师教育的相关政策

独立前的马达加斯加没有自己的教师培养体系，主要依赖于法国殖民者从其他国家选派教师。独立后的马达加斯加政府非常重视教学活动，开始在各大区设立师范类机构以培养教师。1992 年，一所小学教师教学培训中心建立，这所学校是今天马达加斯加国家教学培训学院的前身。1993 年时，马达加斯加共有六所师范类院校，招收初中毕业生，学制两年五个月。[1] 此后，教师教育逐步发展起来。

马达加斯加政府颁布了多个有关教师教育的法律法规，主要有《临时教育计划（2013—2015年）》和《综合教学政策指南》等。

《临时教育计划（2013—2015年）》保证基础教育阶段的3 600名教学督导和学校管理机构负责人、10 000名法语教师、500名培训师、1 700名教育领域负责人和2 000名地方教育监督员的培训。此外，该计划还为220家机构配备了科学资源，为47家机构提供实验科学设备，并改进人力和财政资源的管理。[2]

2018年，马达加斯加国民教育部、技术教育和职业培训部以及高等教育和科研部共同举行了官方研讨会，以讨论教师培训政策，致力于为所有学生提供足够数量和受过良好培训的教师来保证教学质量。以上三个中央部委的高级官员、教学政策制定指导委员会、技术和财政合作伙伴、负责国际教师工作组及联合国教科文组织的负责人参加了本次研讨会。会议制定了马达加斯加的《综合教学政策指南》。该指南围绕九个中心，各中心包含一个非常具体的目标：（1）以教师招聘为基础，以确保有足够数量的教师职位空缺，并由具有所需资质的候选人申请；（2）关注教师培养，以便他们更好地为工作做好准备；（3）通过师资调配保障全国各地都有合格的师资队伍；（4）对教师的职业结构和发展进行定义，以帮助教师建立清晰连贯的职业规划；（5）重视教师的就业环境和工作条件，为学校提供足够设备及最佳工作条件；（6）完善教师报酬及其支付；（7）确认教师职业的实践标准，以便所有教师都拥有并掌握必要的教学材料，如新课程的开发等；（8）采用问责制，以便所有教育利益相关者对其绩效负责，并加强教育监督等；（9）加强学校治理。该政策指南代表了马达加斯加政府为提高国家整体教育质量而采取的有利于学生和教师事业的重要一步。[3]

---

[1] 资料来源于联合国教科文组织网站。

[2] 资料来源于法国发展署网站。

[3] 资料来源于马达加斯加国民教育部网站。

二、教师管理与待遇

基础教育阶段公立教育机构的师资队伍按性质可以分为四大类：事业编制教师、国家合同制教师、有政府补贴的家长委员会聘用教师、没有政府补贴的家长委员会聘用教师。[1]

事业编制教师代表国家提供公共服务，其公务员资格在入职培训课程结束时授予，该课程为期 6 个月至 2 年。一些教师也可以通过内部晋升的方式获得公务员身份。例如，在 2012 年，国民教育部给予了 600 名合同制教师事业编制身份。

国家合同制教师由国家招聘来开展教学活动。合同制教师一般任职 6 年之后才可能成为事业编制教师。

家长委员会聘用教师按照其薪酬的发放单位分为两种：有政府补贴的和没有政府补贴的。有政府补贴的家长委员会聘用教师的招募活动主要由当地社区负责，其数量根据当地学生数量而定，一般需要维持在一名教师对 50 名学生的比例。此类教师可以获得中央政府的额外补贴，包括财务补贴及食品福利等。政府的补贴会直接拨付给教师所属学校，当教师离开其工作单位后自动失去国家补贴。没有政府补贴的家长委员会聘用教师也由社区招聘。社区可以向他们支付薪水、津贴、食物等。此类教师获得的薪酬通常差异很大。马达加斯加教育部 2021 年计划招收非事业编制教师 1.5 万人，到 2023 年目标是 4 万人。

---

[1] PASEC. Performances du système éducatif malgache: compétences et facteurs de réussite au primaire[R]. Dakar, 2017: 16.

第二节 教师教育机构

马达加斯加提供师范教育的主要机构一般分为三类：高等师范学院、国家教学培训学院、私立教师培训机构。此外还有高等技术师范学院、继续教育机构等。

一、高等师范学院

马达加斯加共有六大高等师范学院，如塔那那利佛高等师范学院、菲亚纳兰楚阿高等师范学院、马哈赞加高等师范学院等。这些师范学院可以培养小学、中学和大学教师。招生对象必须拥有高中会考毕业文凭，并通过高等师范学院由笔试和口试组成的入学考试。以塔那那利佛高等师范学院为例，学校可以颁发不同类型的文凭，包括师范学校教学能力证书、教育科学学士（三年学制）、教育科学硕士（两年学制）和教育科学博士学位（三年学制）等。学生可以选择的专业包括英语、法语、历史、地理、自然科学、体育、物理、化学等。除了面对面的授课形式，学院还提供在线课程。

二、国家教学培训学院

国家教学培训学院是师范类院校的重要组成部分。其前身成立于 1992 年。2008 年，国家教学培训学院开始隶属于国民教育部，并在全国设立了 19 个分校，如国家教学培训学院安齐拉贝分院、曼贾坎德里亚纳分院、贝纳桑德拉特拉分院、安布西特拉分院、马赞吉分院、马哈赞加分院等。根据2009 年 9 月 4 日第 2009–1139 号法令的第三条，国家教学培训学院主要工作有两项:(1)培养中小学、大学教师和教学顾问及提供继续教育培训,包括面对面和在线两种授课形式;(2)负责教材的研究和制作。在国家教学培训学院,小学教师学制一般为两年,而中学教师的学制通常为两年零八个月。学习结束后,学生可以获得相应级别的证书,并进入到相应阶段进行工作。国家教学培训学院每年培养约 1 000 名学生。

三、私立教师培训机构

除了公立机构之外,马达加斯加还有培养未来教师的私立机构,其中马达加斯加教师培训学院和塔那那利佛高等教学培训学院就是该类机构的重要组成部分。

马达加斯加教师培训学院是一所总部位于马达加斯加塔那那利佛的机构。该机构创建于 2017 年,并开设有几个分院,分布在布里卡维尔、图阿马西纳(塔马塔夫)、安巴通德拉扎卡等地。该学院致力于通过创新教学方法,为学生提供高质量的教育和培训,提高学习成绩,促进信息通信技术在教育中的应用。通过学习,学生不仅能够获得扎实的专业技能,最重要的是能够帮助他们发展创造力、活力、自学能力和开放的思想。该学院的基础学科包括心理教学法、基础教学法、应用教学法、教师道德修养、青少年心理学、法语和英语,而补充学科还包括法学、绘画、口述、项目管理、信息技术、学校卫生和急救法等。学生必须持有高中会考毕业证书或同等学力证明才能申请进入该学院,毕业后可获得马达加斯加认可的文凭。

塔那那利佛高等教学培训学院是培养小学、初中和高中教师的机构。该学院下设一个科学委员会,以确定教学方向,研究将要开展的教育项目,在每学年末进行评估,并向管理层提出计划。该学院提供的教育侧重两个方面:文学和科学,并认为理论—实践交替是教育过程的重要组成部分。

以高中教师的培养为例。高中教师学制为期三年，包括面对面课程和教学实践。为了保证专业性，学院的学生将在高中学校进行实习，实习地点主要为与该学院密切合作的私立天主教或非宗教高中。其目标是在培训结束时，未来教师可以培养自己的专业技能，以便承担未来在高中的职责，成为具有教学、交流、教育和分析相关技能的教学实践者。

塔那那利佛高等教学培训学院的申请者需要满足如下条件：必须持有高中毕业会考证书或同等学力，身体和智力适合教学，精通马达加斯加语和法语等。文学专业的学生通常需要接受 2.5 小时的马达加斯加语考试、2.5 小时的法语考试、1.5 小时的英语考试以及 3 小时的文化考试；而理科方向的学生则需要接受 2 小时的法语考试、3 小时的数学考试、2.5 小时的物理化学考试以及 3 小时的生命与地球科学考试。[1]

四、高等技术师范学院

培养职业教育教师的主要机构为隶属于技术教育和职业培训部的高等技术师范学院。高中毕业生需要完成五年课程，本科毕业生需要完成两年课程，才可以在课程结束时获得教学技能教师证书。技术教育和职业培训部的合作伙伴还会提供管理培训、培训方法、维修和汽车机械以及金属加工培训等方面的临时计划。

---

[1] 资料来源于塔那那利佛高等教学培训学院网站。

五、其他教师教育机构

在职培训包括所有形式的继续培训，如高级培训、再培训等，旨在提供补充的专业技能。此外，法语联盟、国际非营利性组织、教师联络网等组织会不定期举办各类形式的短期或长期培训。

马达加斯加的六大高等教育学院、国家教学培训学院对小学教师、中学教师乃至大学教师均提供继续教育。职业教育阶段，高等技术师范学院等会提供部分短期培训项目，以帮助该阶段教师进修。学前教育和成人教育阶段的教师通常没有统一的继续教育项目，且该类培训通常依赖于国际机构某一时间段内的资助，尚未形成系统化的机制。

以国家教学培训学院为例。该学院继 2012 年 8 月和 9 月组织第一阶段培训之后，第二阶段训练于 2012 年 12 月 10 日至 18 日在安布西特拉进行。参与培训的 460 名受益者在安布西特拉的国家教学培训学院区域中心分三组参加。[1] 参与培训的学员还会学习计算机技能，以保证他们能够使用文字处理等基本软件进行练习。鉴于具备专业知识和专业技能的人力资源对于高质量就业至关重要，该学院于 2014 年 10 月 28 日、29 日至 30 日开展了进一步培训课程。其目的是提高秘书在行政工作中的能力、提高行政金融服务负责人在公共财政管理工作中的能力以及提高司机在公路规范和驾驶道德方面的能力。对这些课程的评价结果显示，参训人员感到满意，对执行日常任务更有信心。[2]

---

[1] 资料来源于法语国家大学机构网站。

[2] 资料来源于马达加斯加国民教育部网站。

第三节 教师教育的挑战和对策

一、面临的挑战

马达加斯加教师教育的最大问题是教师严重匮乏，尤其是高质量师资，由此导致教师的教学资质难以保障。事业编制教师比例较低，特别是在学前和小学阶段，相应的，由家长委员会聘用的教师比例非常高，如表 9.1 所示。[1] 家长委员会聘用的大量教师资质更加难有保障，其中许多人只需要持有初中证书就可以成为小学教师。据统计，公立学校中只有 48% 的教师拥有教学类文凭，其中事业编制教师中该比例为 56%，非事业编制教师中该比例仅为 6%。[2] 在小学阶段，只有 18% 的小学教师拥有教师文凭，[3] 而初中阶段，仅有 30% 拥有教师资格证，高中教师中有一半都没有接受过教学培训学院的教育。[4]

表 9.1 2018—2019 学年马达加斯加各阶段教师各分类占比 [5]

阶段	事业编制教师	合同制教师	有补贴的家长委员会聘用教师	没有补贴的家长委员会聘用教师	其他
学前	0.30%	9.25%	7.88%	78.40%	4.17%
小学	8%	31%	35%	21%	5%
初中	23%	35%	6%	32%	4%
高中	36%	33%	1%	27%	4%

[1] 资料来源于联合国教科文组织网站。

[2] COURY D, RAKOTO-TIANA N. Madagascar: en marche vers l'éducation primaire universelle pour tous?[R]. Marseille, 2010: 131.

[3] 资料来源于马达加斯加法院网站。

[4] 资料来源于联合国教科文组织网站。

[5] 资料来源于联合国儿童基金会网站。

马达加斯加国民教育部曾倾向于通过为新员工举办短期培训课程（12 天）的办法来应对教师培训问题，但这些举措均没有被系统化。以小学阶段为例，小学教师中接受过培训的教师比例从 2012 年的 30% 逐年降低到 2013 年的 19%、2014 年的 16.6%、2015 年的 15.1%、2017 年的 14.9%、2018 年的 14.7% 以及 2019 年的 15.3%。[1] 中学阶段的教师中，接受过培训的教师比例在 2017 年达 20.8%，2018 时该比例为 20.2%。[2] 2021 年，国民教育部计划招收 15 000 人，到 2023 年的目标是达到 40 000 人。[3]

基础教育情况如此，偏远地区的大学状况也不甚理想，有时甚至会出现大学教师没有大学毕业证的现象。[4]

二、应对策略

（一）国民教育部

1. 三大整体策略

面对上述突出问题，马达加斯加国民教育部采取多项策略，以改善教学实践：专业化培训，将培训扩展到更多的受益者同时采用更有效的管理方法，以及强化培训系统的可持续性。

国民教育部的改革方案基于一个原则，即从事教学的教师应该是成熟的专业人士，且必须接受专业培训。因此，培训教师以及负责教学监督的工作人员的主要目的是帮助他们提高专业技能，以应对在日常工作中所面

---

[1] 资料来源于世界银行网站。
[2] 资料来源于世界银行网站。
[3] 资料来源于马达加斯加新闻网站。
[4] 资料来源于马达加斯加日报网站。

临的复杂情况。这是国民教育部在教师教育领域改革的第一大策略。

为实现这一目标，培训体系以专业化为重点。政府明确毕业标准，针对不同教育水平（学前教育、义务教育和高中教育）制定专业标准及判断依据，从而可以非常清楚地确定未来教师毕业时的水平并改善初任和继续培训体系。这需要加强对所教授学科基础学术知识的获取和掌握，保证培训机构内课堂培训和实习之间的交替和连续性，建立促进学习者积极参与的培训环境，并打造有效衡量专业技能发展的评估和认证系统。例如，国家教学培训学院和塔那那利佛高等教学培训学院将提供科学实验室和语言实验室等，确保科学学科教师的培训拥有所有必要的设备。为发展继续教育，现有学校将配备适合培训的场所。

虽然培训有助于改进教学，但也必须让接受培训的人在行业中的地位得到显著提高才能起到更好的激励作用。参与培训课程的学习者将获得培训认证，提升他们的职业生涯，并有可能获得管理职位。例如，接受过认证培训的社区委员会聘用的教师可以成为合同工，进而成为公务员，或许还可以成为教育机构的负责人。

国民教育部改革政策中第二大策略是将培训扩大到更多的受益者并采用更有效的管理方法。为了确保教育质量的显著提高，培训应该向更多潜在受益者开放，并使用创新的培训系统，同时建立一个更有效的组织。教学实践的质量不仅是师资培养的问题，还取决于导师的技能和督导体系的质量。因此，培训政策的目标还需要包括所有教师培训者和地方督导人员。在条件允许的情况下，行政人员也应被纳入培训体系，包括行政经理、主任、部门主管、经理、会计师、秘书、后勤、通讯员等。

所有刚入职的新任教师将受益于持续 24 个月的培训课程，或在就职前进行加速的初步培训，并在第一年的实践中辅以灵活的课程。现任教师都将受益于适合其需求和实践的培训课程。对于地方督导人员，政府优先为教育顾问和督察员提供基本专业技能发展的初步培训。在给予教育机构最大自主权的情况下，培训机构负责人将能够在其他主管的支持下自行设计和组织适合其机构的培训活动。

由于缺乏人力、物力和财力资源，马达加斯加的现行制度无法充分发展有利于教师乃至教育人员的优质培训。远程培训可以大大拓展培训机会，因为它几乎可以直接达到目标群体，而且还可以降低学员的费用（省去差旅和住宿费用）。在拥有优质互联网连接、为文献等资源提供的资金支持后，远程培训可以将这些课程移植到互联网中，并为不同的课程配备数字设备。这样，培训课程可在限制成本的同时覆盖尽可能多的人。现有的25所地方和国家教学培训学院中，有5所设立了数字化培训中心。此外，国家教学培训学院和高等师范学院将共同设计开发一套适应马达加斯加环境的新工具和新培训系统。

国民教育部改革政策中第三大策略是注重培训的可持续性。教师和管理者的培训机制只有长期有效才能充分发挥作用。一次性操作，甚至重复操作，将会耗费大量精力、人力和财力，因此，有必要建立一个稳定的初任和继续教育体系。国民教育部将长期保持财务支持，还将特别关注基础设施的扩展和翻新以及培训课程的修订（或建立新的培训系统）。此外，国民教育部还将尽力动员所有参与者和这项培训政策的未来受益者，并使公众广泛了解所有国家为提高教育质量所做的努力。

2．各阶段策略

培训体系根据不同教育阶段需要执行不同的政策，分为学前教育、基础教育阶段（分为前六年和后三年）、基础教育阶段教师的在职培训、督导培训等。

（1）学前教育和基础教育阶段的前六年。对于学前教育和基础教育阶段的前六年而言，政府将重新规划面向事业编制教师的初始培训；建立加速的初始培训体系，以应对基础教育改革带来的强大需求；设计和实施升级计划，以克服目前大多数非事业编制教师缺乏专业培训的问题；为教师设计、组织和打造长期在职培训系统，以促进教师的专业发展。

学前教育方面，国家教学培训学院从 2015 年开始逐步实施对校内教学督导人员的初步培训，89 名国家教学培训学院的培训师和 25 名各地分院的教师受益于学前教育培训。培训课程分为面对面培训和远程培训。此外，由国家教学培训学院的 40 名培训师和来自 15 个各地分院的 260 名培训师负责 22 个大区的 1 000 名未来教师在 15 个地方国家教学培训学院接受为期 24 个月的面对面培训。申请人必须持有学士学位，通过材料审查、笔试和口试选出。[1] 培训将持续 24 个月，包括 14 个月的理论技能建设和 10 个月的实习。[2] 接受培训的教师在国家教学培训学院上课期间将不会获得任何津贴，但在实习阶段将会获得经济补偿。培训结束时，他们将获得进入公务员体系的证书。

在接受全面初步培训的教师数量不能满足学生人数增加产生的所有需求的情况下，非事业编制教师的招聘仍需继续进行。因此马达加斯加政府不仅需要对未来教师在就职前进行基本的教学培训，还需要为他们提供自我培训工具来更新他们的学术知识。

（2）基础教育阶段的后三年。对于基础教育阶段后三年的教师来说，改革计划包括每年培训 500 名教师和为新学科设计全新的培训模块等，因此，培训的设计和组织需要时间并调动大量资源。六所地方国家教学培训学院将参与这些为期两年的培训课程的组织工作。在这为期两年的培训中，学员在学校内学习一年，在教学机构实习一年。最终评估采取持续评估的方式，并在第 14 个月进行全国考试；该评估体系还将课堂实践纳入进来。

---

[1] République de Madagascar. Plan sectoriel de l'education (2018-2022)[R]. Madagascar, 2017: 270.

[2] République de Madagascar. Plan sectoriel de l'education (2018-2022)[R]. Madagascar, 2017: 271.

（3）在职培训。由于公立机构，特别是偏远地区教师严重短缺，家长委员会聘用了大量教师，他们中的大多数人没有接受过任何教学培训，甚至没有达到该专业所需的学术水平。因此，基础教育阶段教师的在职培训非常必要，而一个稳定、可持续的继续教育体系是解决问题的关键。

从国家教学培训学院毕业的教师将接受专业发展和改革实施准备方面的培训。培训形式包括自我学习、学员间互助、线上培训以及线下培训课程。一旦他们获得了标准培训课程中列出的所有技能，他们有机会获得一年的奖金。培训结束后，教师将会获得相关证书。达到职位所需的工作年限后，这些证书将有助于教师申请管理职位，包括学校校长和教育顾问等。在教育科学领域攻读硕士学位将使他们以后可以成为普通或中等技术教育的教师，或者专门从事督导或研究工作。对于非事业编制教师，证书可以构成决定性的选择标准，这将使实施"招聘前培训"原则成为可能。

（4）基础教育阶段督导培训。基础教育阶段的督导对于教师质量的保障也是非常重要的。根据马达加斯加政府2017年的规定，小学一年级至初中一年级的教师督导的培训课程由国家教学培训学院负责，而初中二年级到四年级的培训课程则主要由高等师范学院负责。对前者来说，马达加斯加政府计划在2017—2020年每年培训400名督导员。平均培训时长为两年零八个月，包括12个月的课程、12个月的实习以及最后8个月的课程学习。对后者而言，如果要保证每个教师每年都可以接受一次培训，平均每名教学督导应负责150名教师。因此，政府计划在五年内每年培训50名教学督导，即在五年期间共培训250名教学督导。这些督导将会被分配至114个学区，每个学区两名督导，一名负责文科课程，一名负责理科课程。培训时间持续两年。

（二）高等教育部和科研部

提高高等教育质量需要完善针对下一代教师的培训政策。马达加斯加政府将为数字时代的大学教学建立技能培养系统，并适应本—硕—博体系的教学方法。此外，创新是提高学习质量的一项必要投资。政府将在大学机构内创建新的大学教学法并在数字技术使用方面增加投入。仅仅进行研究并不能使教师成为培训专家，教师还需要提高实践能力。

（三）技术教育和职业培训部

技术教育和职业培训部的改革致力于更好地利用现有的人力资源，以最大化地满足需要。

教学实践专业化是关键问题。为解决这个问题，可以一方面通过为培训师、主管和技术/行政人员建立现代化的培训体系，调整规模以适应初任和继续培训的新需求，另一方面，允许在专业领域得到认可的合格专业人员成为职业技术教育与培训机构的培训师。

此外，政府将在国家层面创建新的培训机构以接替国家教学培训中心，支持所有参与职业技术教育工作人员的初始培训和继续教育。行政和技术人员需要学习新的行政和管理模式以及"合作文化"的培训工作。政府还希望打造一个区域中心网络，用于培训师的继续教育。该网络将基于开放和远程学习工具，通过信息通信技术和其他数字工具辅助教学。

第十章 教育行政和教育政策

马达加斯加的教育体制包括正规和非正规教育。正规教育包括3—5岁的学前教育、6—14岁的义务教育、15—17岁的普通高中教育、职业技术教育以及18—26岁的高等教育。非正规教育主要包括扫盲教育等，以成人为主要服务对象，其管理部门取决于不同的扫盲项目，统一受国民教育部管辖。马达加斯加的教育系统主要由三个部委管理：国民教育部、技术教育和职业培训部、高等教育和科研部。教师的培训和继续教育没有专门负责的部委，而是由相应阶段的各部委分别负责。

第一节 中央教育管理机构

一、国民教育部

国民教育部的工作以实现全民教育和优质教育为目标，包括与文盲和贫困做斗争，创立有效的基础教育和学前教育体系，改善中等教育系统，建立符合国际标准的优质教育体系，旨在为马达加斯加提供与其发展和国际一体化需要相适应的人力资源，制定消除青少年和成人文盲的战略，促进对马达加斯加经济、社会和文化发展至关重要的基础知识、公民意识和技术能力的培养。必要时，国民教育部部长需明确其下属各部门的组织架构和义务。

（一）法律依据

马达加斯加 2020 年第 1025 号法令对国民教育部部长的权力及国民教育部下属机构的权利职责进行了规范和要求。其他相关法律依据还包括：宪法；2003 年 9 月 3 日第 2003–011 号关于《官员总章程》的法律；2008 年 7 月 17 日第 2008–011 号法律对 2004 年 7 月 26 日第 2004–004 号法律关于马达加斯加教育、教学和培训系统总体方向规定的修改；2017 年 1 月 25 日关于公共合同守则的第 2016–055 号法律；1993 年 5 月 13 日颁布的关于国家高级职位管理的第 93–027 号法令；1976 年 3 月 31 日关于国家高级就业的第 76–132 号法令和随后的文本；2019 年 7 月 19 日关于任命总理、政府首脑的第 2019–1407 号法令；2020 年 1 月 29 日第 2020–070 号法令，并由 2020 年 6 月 4 日第 2020–597 号法令和 2020 年 8 月 20 日第 2020–997 号法令进行修正和补充。[1]

（二）下设部门

国民教育部的下设部门包括部长内阁、总秘书处、办公厅、项目综合协调司、项目推进司、通信司、附属和合作机构管理司、控制和审计司、各阶段教育厅和考试认证厅等。

部长内阁协助部长完成任务。部长内阁由国民教育部长命令任命的内阁主任领导。部长内阁由四名技术顾问、两名检查员、三名任务负责人、两名新闻官、一位私人秘书负责人以及一名礼宾司司长组成。内阁成员也

---

[1] 资料来源于马达加斯加国民教育部网站。

由国民教育部部长任命。内阁主任是部长的直接合作者，负责整个内阁的监督和运作并组织、协调工作计划并确保其执行。因此，内阁主任需要确保内阁成员间的团结，并做出工作指示。内阁主任可以代表部门参加仪式或公务，并负责具体的任务，特别是与国家其他机构的关系。

总秘书处负责国民教育部总局的一般管理工作，由秘书长领导，协助部长履行其行政和技术职责。秘书长的任务包括为部长的决策提供建议，推动、指导及协调总秘书处下属所有部门的活动，与部门合作伙伴保持稳定的关系等。秘书长由部长会议通过法令任命。总秘书处的组成机构主要包括技术厅、教育机构负责厅以及教学综合厅等。总秘书处还设有特别秘书处、国际关系和合作伙伴厅以及校内外活动厅。

负责学校机构的办公厅确保该部关于基础和幼儿教育、普通中等教育和非正规教育的政策的制定和实施，由部长理事会[1]通过法令任命的办公厅主任领导。办公厅包括总务部和活动协调小组。办公厅主任负责协调其职权范围内四个部门的工作，包括基础和幼儿教育厅、中等教育厅、非正规教育厅以及考试和认证厅。

项目综合协调司负责协调和监督公共投资计划资助的所有项目，直接向部长报告。该小组的单位负责人由部长理事会通过法令任命。单位负责人可以配备研究人员和助理。

项目推进司的任务是与技术和财务合作伙伴合作，支持该部协调、实施和沟通与项目相关的行动。该部门直接向部长报告，由部长理事会通过法令任命的部长级别的单位负责人领导。单位负责人可以配备研究人员和助理。

通信司负责本部的内外沟通工作，其作用是制定和设计沟通策略并实施内部和外部沟通计划，直接向部长报告。由一名单位负责人领导，由部

---

[1] 部长理事会不隶属于国民教育部，由各部委部长组成，拥有任命权。

长理事会通过法令任命为部长。单位负责人可配备研究人员和助理。

附属和合作机构管理司负责监测国民教育部附属机构的活动，直接向部长报告，由部长级法令任命的主任级别的单位负责人领导。单位负责人可配备研究人员和助理。

控制和审计司负责控制和内部审计该部的活动，直接向部长报告，由部长理事会通过法令任命的部长级别的单位负责人领导。单位负责人可配备研究人员和助理。

基础和幼儿教育厅确保该部基础和幼儿教育政策的制定和实施，由部长理事会通过法令任命的主任领导，由幼儿教育服务局、试点机构支持服务局、学校健康和食品局等组成。中等教育厅确保该部中等教育政策的制定和实施，由部长理事会通过法令任命的主任领导，由试点机构支持服务局以及青少年健康局等组成。非正规教育厅确保该部非正规教育政策的制定和实施，由部长理事会通过法令任命的主任领导，包括教育普及局、扫盲局以及学校和职业指导局。

考试认证厅负责设计和组织国民教育部管辖范围内的全国期末考试，并制定与此相关的各种文凭和证书，由部长理事会通过法令任命的主任领导，由考试组织局、文凭和认证局以及考试评估局组成。

（三）支持部门

国民教育部的支持部门包括行政和财务事务司、人力资源管理司、教育规划司、信息系统司、土地和基础设施司、法律事务司、大众教育和公民司以及地区教育司等。

行政和财务事务司保障行政财务工作的顺利进行，组织该部预算的编制，确保其执行并进行监督。行政和财政事务司由部长理事会颁布的法令任命的一位主任领导，不设行政事务厅、预算厅和物流厅。

人力资源管理司负责制定和实施国民教育部的人力资源管理政策，包括监督卫生安全、员工工资的正规化和该部人力资源的合理管理。人力资源管理司由部长理事会通过法令任命的主任领导。该司下设如下部门：总务办公室，就业、劳动力和技能管理厅，行政人员管理厅，销售厅以及医疗社会厅。

教育规划司的任务是为该系统的试点提供支持，并为教育部门的定位和规划提供支持，对国民教育部与有关管理部门合作进行监测和评估。该司下设信息系统统计和治理厅、教育政策研究和评估厅、微小规划厅、教育系统规划和监控厅、风险和灾害管理厅。该司由部长理事会通过法令任命的主任领导。

信息系统司负责开发用于教育管理的计算机系统，确保向公众提供有关教育的信息，确保其使用的计算机设备得到维护，保护其数据并管理数字信息。该司还负责管理国民教育部的网站，监督该部内信息通信技术项目的发展，确保内部网络的正常运行以及该部与其他机构和组织的相互联系，在国民教育部内部设计并实施独立的通信系统，上传官方信息，协调研究计算机和通信项目在功能和技术架构方面的一致性。该司由部长理事会通过法令任命的主任领导，包括教育管理系统技术创新和发展局以及维护、保养和技术园区管理局。

土地和基础设施司管理国民教育部的土地面积核算以及教育和行政基础设施的建设和维护。该司由部长理事会通过法令任命的主任领导，包括学校基础设施建设和维护局、行政基础设施建设和维护局以及学校和行政管理局。

法律事务司在国民教育部内发挥咨询和法律支持作用，责权包括确保对可能属于该领域的所有国家和国际立法的演变进行持续的法律观察，并在该部的职权范围内管理涉及该部的纠纷，核实提交给部长签署的文件的合法性，代表部长准备提交给政府理事会和部长理事会的文件。该司由部长理事会通过法令任命的主任领导，包括研究和立法局、文件局以及诉讼局。

大众教育和公民司负责制定和实施公民教育战略，下设规划和合作局、培训和监督局、行为改变和沟通研究局以及环境教育局。该司由部长理事会通过法令任命的主任领导。

地区教育司根据国民教育部确定的教育标准和目标，并考虑到每个地区的具体情况，确保国民教育部在教育、培训和扫盲方面的政策实施。地区一级的教育部官方代表为主任，有权管理其指导下的服务、学区和其地区下的培训中心。该司下设行政和财务事务局、幼儿教育局、基础教育局、中等教育局、区域教育规划局、学校监督和教学检查局、非正规教育局、大众教育和公民服务局、教学培训中心。

马达加斯加国民教育部附属机构还包括马达加斯加联合国教科文组织全国委员会、印度洋法语区域中心、大众教育和公民办公室、国家教育材料制作中心、学术评估单位、全国教育委员会、全国私立教育办公室和国家教育培训学院等。

二、技术教育和职业培训部

技术教育和职业培训部制定并实施职业技术教育领域的国家总领政策，根据国家的发展以及经济的不断变化对不同年龄段的人进行培训。技术教育和职业培训部负责根据新兴部门所需的职业，无论是现代的还是传统的，为年轻人，尤其是妇女和残疾人开展技术教育和初级职业培训，为学校系统以外的个人提供发展职业培训、学习基础专业和创业的机会，以提高他们的就业能力，并实现更好的职业流动性。

技术教育和职业培训部下设部门主要包括技术教育和职业培训部部长、

部长内阁、总秘书处、项目综合协调司、公共市场负责司以及通信司等。

部长内阁协助部长完成任务。部长内阁由内阁主任、四名技术顾问、两名检查员、四名任务负责人、两名新闻官、一位流程负责人以及一名特殊秘书处负责人组成。

总秘书处负责技术教育和职业培训部的一般管理工作，由秘书长领导，协助部长履行其行政和技术职责。

项目综合协调司负责协调和监督公共投资计划资助的所有项目，直接向部长报告。

公共市场负责司执行从选择招标到指定持有人和批准合同的采购程序。

通信司负责本部的内外沟通工作，负责制定和设计沟通策略并实施内部和外部沟通计划，直接向部长报告。

三、高等教育和科研部

高等教育和科研部致力于使高等教育和科学研究成为马达加斯加发展的引擎。该部委的主要任务包括：确保大学治理的完善和效率；通过优化和推广本—硕—博体系和相关认证体系打造可持续的有竞争力的高等教育；在具有高经济潜力的院系、学校、研究所和各种场所内促进职业培训；确保更好的学习、培训和研究环境；通过制定创业战略来推广科学研究产品，以实现对研究产品的最佳利用；将研究成果的投资选择系统化，使其成为真正的可再生资金来源。

高等教育和科研部下设多个机构：部长内阁，总秘书处，办公厅，公共采购司，行政和财务事务司，伙伴关系发展与协调司，国家和外国证券交易所理事会，研究司，高等教育和研究改革支持司，统计、规划和监测司，信息和通信技术司，认证和质量保证司等。

部长内阁负责根据部长的指示调查和处理文件，确保相关决策的执行和跟进并在高等教育和研究机构与公众之间实施有效的信息交流。

总秘书处的负责人是秘书长，协助部长行使其行政和技术权力。其任务是对所有总局、理事会、服务和组织的活动进行协调和监督，并受高等教育和研究部的监督。

办公厅确保高等教育计划的制定和实施，科学研究办公厅确保该部在科学研究方面的政策和计划的制定和实施。

公共采购司负责人向部长报告。该司负责采购全流程，从物品的选择到持有人的指定以及合同的批准。

行政和财务事务司确保该部行政和财务事务的顺利运行以及各局的后勤支持，组织该部预算的编制并对其进行监督。该司还负责管理高等教育和科研部的财产。

伙伴关系发展与协调司负责通过交流和普及以及研究和创新成果的转移和利用，发展创业文化和促进经济发展。

国家和外国证券交易所理事会负责管理和颁发国内外奖学金以及协调与国家外汇交易委员会的相关工作。

研究司负责制定和实施该部的研究政策。

高等教育和研究改革支持司负责在高等教育和研究转型的框架内制定和实施该部的政策。

统计、规划和监测司负责收集和处理数据，以支持高等教育和研究的定位、规划和推广。

信息和通信技术司确保该部将新的信息和通信技术应用于高等教育和研究的计划，确保该信息系统的发展，确保向公众提供有关高等教育和研究的信息。

认证和质量保证司负责实施该部提高高等教育质量的政策和计划。该司组织对公立和私立高等教育机构的质量评估，以建立一个符合全球公认标准和质量的高等教育体系。

此外，高等教育和科研部还下设多个机构，包括马达加斯加大学城、大学交流中心、国家外部奖学金委员会、大学工程区域中心、研究中心主任会议、国家大学理事会、国家授权委员会等。[1]

第二节 地方教育管理机构

一、学前教育和基础教育管理机构

地方上的教育管理机构分为大区教育厅、学区和教学行政区。大区层面由大区教育厅主持工作，省市级层面由各学区负责，在社区层面由教学行政区负责。这些分支机构涵盖公立和私立教育机构。马达加斯加共有22个大区教育厅、114个学区、1 769个教学行政区。[2]

（一）教育厅

每个大区下设一个教育厅，全国共设有22个教育厅。教育厅的主要职责是接受并解读中央部委的政策，同时根据各大区的具体情况将相关指导思想下传给各学区和教学行政区，并颁布更为具体的政策对中央战略进行落实。教育厅还负责各级考试（小学、初中和高中）、课程设置及教学规划以及人力资源管理。教育厅主要下设行政财政局、学前和基础教育考试局、扫盲局、招生监督局以及信息统计局等。

---

[1] République de Madagascar. Plan sectoriel de l'education (2018-2022)[R]. Madagascar, 2017: 186.

[2] 资料来源于马达加斯加国民教育部网站。

（二）学区

马达加斯加全国共分为114个学区，下设办公室、行政财政处、规划处、招生教学处、幼儿教育处、非正式教育处以及宣传处等。不同学区由其各自的负责人管理日常工作。学区负责人有义务与教育厅保持密切交流，并积极地落实大区政策。与此同时，各学区也应将相关困难反映至教育厅，以提高政策落实的效率。

（三）教学行政区

马达加斯加共有1769个教学行政区，其负责人的主要任务涉及培训、教学监督、监督和评估学校主任和教师在各自地区（市政当局）开展的工作。他们与学区领导人、大区教育厅和国民教育部在行使职能时协同工作。教学行政区负责人会接受培训，学习信息和通信技术等技能。

基于各教学行政区内的入学率、毕业率、辍学率、复读率、性别比、平均分、生师比、教师和督导比、每本教材对应学生数量以及每名学生对应的财政资源等，马达加斯加政府将教学行政区分为五个等级，如表10.1所示。[1]

表10.1 马达加斯加教学行政区评价体系

序号	评价内容	等级
1	虽然可调配资源（如教师、教材等）少于平均指标，但是成绩为该学区内最优秀之一	非常优秀
2	成绩在该学区较为优秀，且可调配资源处于该学区中下水平	良好
3	成绩不太理想，但与可调配资源较为匹配	合格

[1] 资料来源于联合国教科文组织网站。

续表

序号	评价内容	等级
4	成绩不太理想，且与可调配资源并不匹配	不合格
5	成绩非常令人失望，且与可调配资源并不匹配	不可接受

二、职业教育和高等教育管理机构

和基础教育阶段在地方上较为细致的划分不同，技术教育和职业培训部以及高等教育和科研部在地方上没有设立行政机构，而是由其中央部委的各司对具体教育机构进行工作上的指导。

第三节 教育政策与规划

一、《国家教育改善计划》

《国家教育改善计划》共有两期。《国家教育改善计划》一期是根据经济政策框架文件于 1988 年制定的，并作为制定《马达加斯加教育计划（2018—2022 年）》的基础。由于 1991 年骚乱引发的政治和经济危机，与《国家教育改善计划》一期相关的所有目标都无法实现。1997 年，在世界银行的帮助下，根据《国家教育改善计划》一期的进展和主题，马达加斯加政府制定了《国家教育改善计划》二期，并将教育事务委任给中等教育和基础教育部、高等教育部以及职业技术教育部负责。按照计划，《国家教育改善计划》二期的截止日期为 2015 年。

该计划二期强调了以下六大总体目标：改善所有学龄儿童接受初等教育的机会；提高各级教育水平和子行业（生活水平、生产力等）的收益率；提高内部教学收益率（重复率、辍学率）；理顺管理体系（信息发布、资源配置、财务等），加强教育事务管理能力，给教育组织提供结构性支持；致力于实现平等；特别关注弱势地区以及有效利用各种财力资源，如社区责任、民办学校等。

二、《全民教育计划》

马达加斯加宪法规定每个孩子都有权接受免费小学教育，这反映在政府对实现全民教育目标的承诺上。国民教育部于 2003 年制定了第一个《全民教育计划》，并分别于 2005 年和 2008 年进行更新，详细说明了改革内容，特别是在课程、参与式学习和教学材料方面，并侧重于减少辍学儿童的数量。

从各教育阶段上看，在义务教育阶段，确保所有儿童在实际上学之前都有机会获得发展，建立有效的初等教育体系，杜绝文盲。在中等教育阶段，提高中等教育质量，提高学校接收能力，完善评价体系，提高教师技能，制定改革策略。在高等教育阶段，进行系统性改造，同时促进公民教育。在职业技术培训教育领域，发展职业技术培训，提高职业技术培训质量，扩大职业技术培训机会，确保职业技术培训体系良好，制定改革战略。

从具体数据上看，该计划旨在普及小学教育；提高学习和教学质量，逐步加强中学的扩展和改进教育等。该计划的目标还包括允许所有 6—7 岁的儿童就读小学，不让贫困阻碍上学，小学教育完成率提高到 94%，初中教育完成率提高到 65%。

三、《临时教育计划（2013—2015 年）》

临时政府国民教育部在分析现状的基础上，在技术和资金合作伙伴的帮助下，于 2012 年制定了《临时教育计划（2013—2015 年）》，以解决《全民教育计划》受阻的局面。

《临时教育计划（2013—2015 年）》是一个涵盖学前教育、小学教育和初中教育的横向计划，主要在教育普及率、教育质量和教育机构管理三方面进行改革。具体措施包括通过增加教育机会和维持教育的普及率，结束教育衰退，以减轻家庭的教育负担；改善教育基础设施，保障学生营养、健康和学校卫生，并为失学儿童制定措施；提高教学质量，制定与课程相关的措施，并培训教师，提高非事业编制教师的地位；完善各级教育事务管理，提高社会参与度，以加强中央和地方的技术服务和管理能力，如在人力资源和财务方面，根据精确分析制定长期部门计划，培养相关人员（校长、学校董事会、家长协会）的学校管理能力。但由于政局动荡和限制，该计划的落实效果不够理想。

四、《教育行业规划（2018—2022 年）》

在长期的政治危机（2009—2013 年）结束后，马达加斯加的社会经济发展面临着较大阻碍，甚至停止了在大多数部门层面发起的多项改革。政府意识到了这种情况并决定采取干预措施并将国家发展计划转化为更具体的条款，其中教育部门的改革是重要内容。马达加斯加近年来建立可持续教育体系所采取的政策主要基于《教育行业规划（2018—2022 年）》。

2016 年 10 月，全国各地区的教育界代表在首都塔那那利佛市举行了国家和地方层面的磋商，内容包括各级和子部门的教育质量、学校课程与社会经济环境不匹配，培训与就业的不匹配等。在对前期教育计划进行了评估之后，三个主管教育的部委（国民教育部、技术教育和职业培训部以及高等教育和科研部）共同制定了长达 399 页的《教育行业规划（2018—2022 年）》，于 2017 年 7 月正式出台，并计划在 2018—2022 年实施。该规划的目标是为马达加斯加打造一个符合国际需求和标准的高效基础教育体系，促进和加强职业技术教育，以及提供符合标准、需求的高质量高等教育。诚然，单靠马达加斯加一国无法确保为实施这种改革提供足够的资金。因此，马达加斯加政府希望建立伙伴关系，例如全球教育伙伴关系和其他传统技术和金融合作伙伴关系，以期得到更多资助。

（一）主要内容

《教育行业规划（2018—2022 年）》正文共分为六章。第一章分别介绍国民教育中的基础组成部分，包括学前教育、小学教育、中学教育（初中和高中）以及国民教育部的构成等，并分析了该阶段的主要改革策略。第二章则侧重在职业技术教育，对其发展概况（如入学率、课程设置、教学质量、财政支持以及改革策略等）进行了分析与规划。第三章对高等教育阶段进行了相应的讨论，尤其是对高等教育事业发展的四大战略进行了详细规划。第四章主要讨论了教育工作者和管理者的培训。第五章则主要介绍了该规划在实施过程中的相关行政规定。第六章对该规划的财政预算进行了介绍。

该文件核心内容有三点：采用三个三年子周期的九年制义务教育，在每个子周期结束时，学生将获得总结性评估和学习证明，取消小学毕业考试；在第一个子周期的教育中使用母语，第二个子周期的最后一年引入法语；采用共 39 周教学周的校历，以减少旷工、留级率和辍学率，同时保证900 小时的有效学习时间从而提高学习效率。

（二）实施与挑战

整体上看，《教育行业规划（2018—2022 年）》推出后不久，马达加斯加民众并未见到明显成效，质疑声此起彼伏，主要集中在校历的改变和小学毕业考试和证书的取消。例如，部分学校对校历的改变较为不满，希望保留原有的日程安排。虽然学校日程的改变本意是为了避开多雨季节和自然灾害频发的时期，但是部分学校希望能够在 7 月和 8 月保持假期以便庆祝特殊节日。再如，小学毕业考试和证书的取消也因为大量民众的不满（近四分之三）而未能执行。大量农村地区的家长认为，由于经济条件的限制，大部分儿童能获得的最高证书可能就是小学毕业证书，而对于城镇地区的儿童来说，小学毕业证书本身对其后续深造和就业意义都不大。

反对派认为该规划的核心内容（九年学制的划分以及新的校历安排）仅仅是对部分地区的部分家长和教育工作者调查后做出的决策，而非基于大部分民众的实际需求，尤其是偏远地区和贫困地区，因此并不具有扎实的前期研究基础和足够的实际价值。城乡间的巨大差距将因为该政策变得更加显著。

2019 年 10 月，马达加斯加政府正式宣称将不会停止该教育改革的计划，并将适时对政策内容进行调整。同期举行的项目论证会集合了马达加斯加重要大区、学区的负责人以及家长和学生代表，让所有参与者了解《教育行业规划（2018—2022 年）》，并收集各方对该计划的意见，以期进一步完善政策内容，提高民众接受度。然而，针对该政策的质疑仍然没有停止。2021 年 11 月，马达加斯加政府，尤其是三大主管教育的部委再次进行了项目回顾和分析，尤其是在九年学制和校历安排等方面。直到 2021 年底，该改革仍未全面落实。

由于《教育行业规划（2018—2022 年）》较新，且该政策推出不久后就发生的新冠疫情也直接影响了该政策的落实。疫情带来的隔离政策等一系列限制条件也阻碍了该政策的实施。此外，21世纪以来，马达加斯加经历了2001年混乱的总统选举结果和2009年反对派策划的政变，导致政治动荡。政治动荡后组建的新政府系统地驳斥前任政府的措施，导致教育政策很难保持一致性和连续性。因此，总体上看，多重因素导致《教育行业规划（2018—2022年）》的成效远不如预期，马达加斯加政府在2022年年底之前难以落实该政策的核心内容。

第十一章 中马教育交流

中马两国建交以来，始终坚持相互尊重、平等互利、合作共赢原则，建立了全面合作伙伴关系。两国政治互信不断深化，经贸合作不断发展，在教育领域也持续合作，并在合作深度和广度上持续拓展。

第一节 教育交流的历史、现状与模式

一、教育交流的历史与现状

中马交往历史由来已久。有记载显示，宋朝期间曾有船只到达马达加斯加岛。[1] 马达加斯加的古墓曾出土大量 16—18 世纪的中国瓷器。[2] 在 1972 年 11 月 6 日，中马两国正式建立外交关系。

中马自建交以来，友好合作关系发展顺利。根据中华人民共和国外交部官方网站的统计，[3] 中方有多位主要领导人访马，且较为频繁。2019 年

---

[1] 王天有，万明. 郑和研究百年论文选 [M]. 北京：大学出版社，2004：267.

[2] 华人经济年鉴编辑委员会. 华人经济年鉴 [R]. 社会科学文献出版社，1997：195.

[3] 中华人民共和国外交部. 中国同马达加斯加的关系 [EB/OL].（2021-02）[2021-09-01]. https://www.fmprc. gov.cn/web/gjhdq_676201/gj_676203/fz_677316/1206_678092/sbgx_678096/.

11 月，国务院副总理孙春兰在塔那那利佛会见马达加斯加总统拉乔利纳，并同马达加斯加总理恩蔡举行会谈。访问期间，孙春兰专程赴阿努西亚拉医院看望和慰问中国援马医疗队，同马方共同为中医中心揭牌，参观塔那那利佛大学孔子学院办学成果展，并考察小鸟窝学校孔子课堂。马达加斯加诸多重要领导人也曾访问中国，如 2008 年 8 月时任马达加斯加总统的拉瓦卢马纳纳来华出席北京奥运会开幕式。

中马间多次的高层互访取得了良好的成效。中马双方自建交以来，签署了多项重要的双边协议，包括《中华人民共和国政府和马尔加什共和国政府关于建立外交关系的联合公报》（1972 年 11 月 13 日）、《中华人民共和国政府和马达加斯加民主共和国政府文化合作协定》（1980 年 9 月）、《中华人民共和国政府与马达加斯加共和国政府关于共同推进丝绸之路经济带和 21 世纪海上丝绸之路建设的谅解备忘录》（2017 年 3 月）等。马达加斯加成为首批与中国签署"一带一路"合作文件的非洲国家之一。

中国对马达加斯加援助以改善民生、增强自主发展能力为重点，契合马达加斯加发展需求，为马达加斯加基础设施、经济和社会等领域发展发挥了积极作用。如为马达加斯加援建了塔那那利佛体育馆、学校等项目。[1]

从 1973 年起，中国政府每年向马达加斯加学生提供奖学金，迄今已有600 余名获中国政府奖学金的学生来华攻读学士、硕士和博士学位。[2] 1980年两国签订文化合作协定。马达加斯加现有 2 所孔子学院和 1 所孔子课堂，分别为塔那那利佛大学孔子学院、塔马塔夫大学孔子学院和小鸟窝学校孔子课堂。截至 2017 年底，中国累计向马达加斯加派遣汉语教师 140 名、志愿者 251 名，赠送教材 1.5 万余册。从 2005 年开始，中国政府每年都邀请

---

[1] 中华人民共和国外交部. 中国同马达加斯加的关系 [EB/OL].（2021-02）[2021-09-01]. https://www.fmprc.gov.cn/web/gjhdq_676201/gj_676203/fz_677316/1206_678092/sbgx_678096/.

[2] 中华人民共和国驻马达加斯加共和国大使馆. 驻马达加斯加大使杨小茸在纪念改革开放 40 周年"中国发展道路与中马关系"研讨会上的致辞 [EB/OL].（2018-11-30）[2021-09-01]. http://mg.china-embassy.org/chn/dszl/dsjh/t1893804.htm.

马方人员来华参加技术合作培训班，至今已为马达加斯加培训了 2 000 多名各类人才，覆盖工业、农业、贸易、环保、教育、卫生、新闻、体育、司法、警务、军事、海关等领域。

二、教育交流的模式

中国和马达加斯加之间的教育交流主要体现在大力拓展职业培训项目、加强汉语学习以及鼓励来华留学等方面。

（一）发展双向职业培训

马达加斯加民众平均受教育年限较短，各阶段辍学率较高，劳动力受教育程度普遍不高，失业及就业不足问题突出。中国企业不仅在马达加斯加直接创造了超过 2 万个就业岗位，亦通过各种教育培训方式，帮助当地人民提升自身技能，进而改变命运，成为广大当地员工的"职业技术学院""中小学课堂"乃至"汉语进修班"。例如，1997 年，某厂家成为中国在马达加斯加投资办厂的第一家纺织企业，创造了 5 000 多个就业岗位，20 多年来为当地累计培养出数万名熟练工人。[1]

2016 年，马达加斯加工业部赴华培训班来华参加了为期 14 天的"工业园区规划和建设研修班"，参观了天津开发区、天津空港保税区、苏州工业园区、上海浦东新区、中关村高新技术展示中心，听取了中方政府官员和专家学者介绍改革开放的经验并学习了利用外资实现自身发展的各项政

---

[1] 中华人民共和国商务部. 2019 年中国企业在马履行社会责任情况综述 [EB/OL].（2019-12-25）[2021-09-21]. http://www.mofcom.gov.cn/article/i/jyjl/k/201912/20191202923391.shtml.

策。[1] 2017 年马达加斯加中国经济发展经验部级官员研讨班上，来自马达加斯加各部门的 6 位部级官员和其他 15 位官员前往海南进行学习，并到深圳和北京地区考察，访问我国知名企业，并与中国商务部和国土资源部等相关部委进行座谈。[2]

中国企业和中国员工在马达加斯加工作也需要接受有关当地文化的培训。从语言上看，马达加斯加本土并不是所有人都具有熟练使用英语的能力，因此前往马达加斯加工作的人有时还需要学习当地语言。对于当地法律法规、民俗风情和与当地居民的日常相处等方面也需要多加注意。[3] 因此，相关培训必不可少。

（二）加强汉语学习

马达加斯加现有两所孔子学院和一个孔子课堂。孔子学院的发展历程和主要课程等将在第二节进行介绍。

小鸟窝学校是马达加斯加重要的学校组织，并自 2013 年起开始提供汉语选修课程。2013—2017 年，小鸟窝学校作为塔那那利佛大学孔子学院的教学点之一，向学生们提供各类汉语课程。2017 年 4 月 7 日，马达加斯加首家孔子课堂——"小鸟窝"孔子课堂在首都塔那那利佛正式挂牌成立。小鸟窝学校目前有 70 间教室，3 个图书馆和 1 个中国文化体验中心。小鸟窝有 1 名公派汉语教师、3 名汉语教师志愿者和 3 名本土汉语教师。学校一共开设过 37 个汉语班，小、初、高阶段共有 1 300 余名学生在校学习过汉语。

---

[1] 中华人民共和国驻马达加斯加共和国大使馆. 杨小茸大使对马达加斯加工业部赴华培训班的致辞 [EB/OL]. （2016-05-13）[2021-09-21]. http://mg.china-embassy.org/chn/dszl/dsjh/t1363153.htm.

[2] 中非合作论坛. 马达加斯加中国经济发展经验研讨班在海口开班 [EB/OL].（2017-07-06）[2021-09-21]. http://www.focac.org/chn/zfgx/rwjl/t1475654.htm.

[3] 广东省商务厅走出去公共服务平台. 赴非洲工作实践与培训反思 [EB/OL].（2018-11-05）[2021-09-21]. http://go.gdcom.gov.cn/article.php?typeid=38&contentId=13528.

2019 年 11 月 5 日上午，中国国务院副总理孙春兰在教育部副部长田学军的陪同下考察了小鸟窝孔子课堂，并向学校赠送了 800 余册汉语教材和中华文化读物。作为马达加斯加的第一个孔子课堂，塔那那利佛大学孔子学院小鸟窝学校为推动中国语言文化在马达加斯加的发展做出了不懈的努力和卓越的贡献。[1]

小学生的汉语教学点包括孔子学院少儿部、菲亚纳华侨小学、塔马塔夫华侨小学以及费内维尔中山学校等；中学生的汉语教学点包括清泉中学、拉佩皮尼厄中学、法国中学等；大学生的汉语教学点包括塔那那利佛大学本科班、通信与管理大学、先进技术学院和菲亚纳大学等。由于工作和时间原因，成人群体无法接受学校系统的长期培训。因此，孔子学院开设了汉语周末班或者时间更为集中的汉语短期培训班。[2] 孔子学院面向社区及不同人群需求举办了马中友协汉语学习班、大学教师汉语学习班、马达加斯加工商银行经贸汉语培训班、社会人员经贸汉语强化班、汉语水平考试考前辅导班、太极拳培训班、中国书法培训班、中国国画培训班、中国厨师培训班等。[3] 2012 年的调查显示，在学习汉语的总人数中，小学生占 19%，中学生占 18%，大学生占 38%，社会人员占 25%。[4]

（三）鼓励来华留学

长期以来，中国与马达加斯加的合作广泛体现在教育领域，例如支持职业技术培训以及为高中生和教师提供奖学金，包括但不限于"中国大使

---

[1] Xinhua. Madagascar: la première classe Confucius s'ouvre à Antananarivo[EB/OL]. (2017-04-08)[2021-09-21]. http://french.peopledaily.com.cn/Afrique/n3/2017/0408/c96852-9200331.html.

[2] 廖典. 孔子学院海外文化传播策略研究——基于马达加斯加孔子学院的调查分析 [D]. 南昌：江西师范大学，2011：14.

[3] 胡静. 塔那那利佛孔子学院教学模式研究 [D]. 南昌：江西师范大学，2013：11.

[4] 胡静. 塔那那利佛孔子学院教学模式研究 [D]. 南昌：江西师范大学，2013：13.

奖学金""传播中华文化杰出贡献奖"和"汉语使者奖"等。例如，"中国大使奖学金"是中国驻马达加斯加大使馆专为马达加斯加境内孔子学院及中文教学点所设立的奖学金项目，旨在奖励在汉语学习方面成绩优异的学生。2017年，53名学习汉语的学生获得该奖学金。另如，2019—2020学年，40名马达加斯加新生在中国29所大学继续大学学习至少三年。这些获得中国政府奖学金的人才将在航空、土木工程、采矿工程、计算机科学、金融、管理、外交和翻译等领域工作。马达加斯加全国外汇交易委员会在高等教育和科研部的监督下审理了400—600份外国资助申请，其中约300份是发给中国评审的申请材料。通过在华学习经历，马达加斯加学生可以丰富自己的专业知识，加深对中国的了解，并为马达加斯加的发展做出贡献。自马达加斯加与中国开展教育合作以来，共有700多名马达加斯加学生通过该奖学金进入中国大学学习。[1]

奖学金的形式也在不断更新中。为增进中马友谊、提高属地化经营管理水平、为马培养更多专业技术人才，自2019年起，中国路桥公司全额资助马学生赴中国长安大学进行工程专业本科学习。首批共有15名学生获得奖学金。[2] 又如，2021年，共有5名马达加斯加学生获得中南财经政法大学"中非友谊"项目的奖学金。

第二节 案例与思考

中国于2004年创建了第一所孔子学院。类似于歌德学院、塞万提斯学院、英国文化教育协会及法语联盟，孔子学院是一个非营利性文化机构，

---

[1] 资料来源于马达加斯加真相网站。

[2] 中华人民共和国商务部. 2019年中国企业在马履行社会责任情况综述 [EB/OL].（2019-12-25）[2021-09-21]. http://www.mofcom.gov.cn/article/i/jyjl/k/201912/20191202923391.shtml.

旨在促进中文国际传播，加深世界人民对中国语言文化的了解，增进中外教育人文交流。除了基础的汉语教学之外，孔子学院还开展汉语考试和汉语教师培训及资格认证，同时开展各类文化交流活动。

截至 2020 年 2 月，全球已有 162 个国家（地区）设立了 545 所孔子学院和 1 170 个孔子课堂，其中马达加斯加共有 2 所孔子学院和 1 个孔子课堂。[1]

一、孔子学院

（一）塔那那利佛大学孔子学院

1. 发展历程

2007 年 10 月 17 日，时任中国驻马达加斯加大使的李树立与马达加斯加塔那那利佛大学校长拉杰里松签署协议，在塔那那利佛大学的文学院设立孔子学院。塔那那利佛大学是马达加斯加最重要、规模最大的大学，也是最早将中文教学纳入马达加斯加高等教育体系的大学。塔那那利佛大学孔子学院是非洲第 12 家孔子学院。作为马达加斯加第一所孔子学院，塔那那利佛大学孔子学院不仅仅是汉语教学基地，也是两国文化教育交流的重要平台与纽带。

2007 年 12 月，马达加斯加塔那那利佛大学与江西师范大学签署了《筹建孔子学院的备忘录》。2008 年 10 月 13 日，中国—马达加斯加友好协会秘书长、塔那那利佛大学孔子学院马方院长对江西师范大学进行访问，并举行了诸多中马青年学生文化交流活动。

---

[1] 朱丽乐. 马达加斯加塔那那利佛大学孔子学院中华文化传播研究 [D]. 南昌：江西师范大学，2020：1.

2009 年中国春节期间，马达加斯加暴发政治危机，经济发展和社会秩序受到严重冲击。在当地公立大学近乎关闭，学生无学可上的情况下，孔子学院仍然坚持办学，注册学员数量迅速增长。2015 年 12 月 6 日，马达加斯加塔那那利佛大学孔子学院凭借其突出的工作表现被评为"示范孔子学院"。自 2009 年成立以来，尽管注册费用在每年 70 到 120 欧元之间，相当于两到三个月的最低工资，但学生人数几乎增加了两倍。[1]

塔那孔院大部分教师是从中国前往马达加斯加进行汉语教学的，2013 年后也有越来越多的本土汉语教师加入到孔院的队伍中。从中国前往马达加斯加的汉语教师分为公派教师和志愿者。公派教师一般在一个国家进行汉语教学的时间最少是两年，但不超过五年，志愿者的任教时间最少是一年但不超过三年。

自成立以来，塔那那利佛大学孔子学院一直致力于推动中国语言文化教学事业的发展。截至 2019 年 8 月，塔那那利佛大学孔子学院在马达加斯加塔那那利佛、菲亚纳兰楚阿、马哈赞加、图利亚拉、安齐拉贝等地建有 50 个教学点，包括 15 所高校，29 所中小学和 6 个其他机构，共计 264 个班级，12 000 多名注册学员（包括上半年和下半年的人数）。[2]

2．提供课程

塔那那利佛大学孔子学院提供两种课程，一类是学位课程，另一类是普通话培训课程。学位课程有本科和硕士两个阶段。本科期间，学生进入大三后可以选择教学方向或应用方向的相关课程。硕士期间，符合条件的孔子学院学生可以继续在与江西师范大学合作的中国大学学习。学术培训在课程结束时获得以下证书：塔那那利佛大学的文学本科学位和江西师范

---

[1] 资料来源于法国国际广播电台网站。

[2] 朱丽乐. 马达加斯加塔那那利佛大学孔子学院中华文化传播研究 [D]. 南昌：江西师范大学，2020：13

大学的硕士学位。每年会向优秀学生提供大约 30 个奖学金名额，并组织一个暑期校园访问团，让大约 20 名学生和教师访问中国。

普通话培训课程有两种。一种是周末班，从每周六上午 8 点到中午 12 点，周末班培训总时长为 100 个小时，其中 50 个小时用马达加斯加语授课，另 50 个小时用中文授课。周末班的学习费用为 10 万阿里亚里。另一种是平时班，时间从周一到周五的每天上午 8 点到中午 12 点，总共培训时长为 600 个小时，全部用中文授课。平时培训班的学员需要缴纳 30 万阿里亚里。

3．文化活动

塔那那利佛大学孔子学院还积极地设计和参与多项文化活动。2018 年，中国大使馆与塔那那利佛大学联合举办"中国文化日"。塔那那利佛大学孔子学院敏感地捕捉到了当地人的需求以及儿童具有习得语言的先天优势这一特点，积极与当地私立幼儿园以及学校合作，开设了汉语课程。中国驻马达加斯加使馆、马达加斯加电视台以及塔那那利佛大学孔子学院、塔马塔夫大学孔子学院等汉语教学机构联合制作的五集专题纪录片《马达加斯加孔院与汉语教学》正式上线。

4．取得成就与所获荣誉

塔那那利佛大学孔子学院 2009 年起招收汉语本科专业学生。首届汉语本科专业学生于 2011 年毕业。多年来，汉语本科专业学生人数稳中有升。2020 年 12 月 18 日，塔那那利佛大学孔子学院 2020 届汉语言文化本科专业毕业典礼在孔子学院阶梯教室举行。中国驻马达加斯加大使郭晓梅、塔那那利佛大学校长拉维卢马纳纳、文学及人文科学学院院长、孔院中方院长、孔院马方院长、孔院 2020 届毕业生及家长、中马各界友好人士等数百人出席。本次共有 122 名塔那那利佛大学汉语言文化本科专业学生顺利毕业，是孔子学院的第十届毕业生（见表 11.1）。[1]

表 11.1　2011—2020 年塔那那利佛孔院汉语言文学专业本科生毕业人数

年份	毕业人数	年份	毕业人数
2011	30	2016	55
2012	23	2017	49
2013	47	2018	82
2014	61	2019	81
2015	32	2020	122

塔那那利佛大学孔子学院两次荣获"先进孔子学院"称号。2015 年在上海举行的第十届世界孔子学院大会上，该学院再次荣获"示范孔子学院"称号。全球 500 多所孔子学院中，仅有 15 所获此殊荣。塔那那利佛大学孔子学院已成为中马文化教育交流的真正平台，为增进两国人民的相互了解和友谊做出了贡献。

塔那那利佛大学孔子学院是塔那那利佛大学与希望建立合作协议以实现双赢发展模式的中国大学之间的接口。因在推进中马教育领域合作及汉语推广事业方面做出的贡献，塔那那利佛大学孔子学院三任中方院长先后获得"马达加斯加总统骑士荣誉勋章"，18 人获得中国驻马达加斯加大使馆颁发的"汉语使者"奖。马达加斯加塔那那利佛孔院院长祖拉桑获得"全

[1] 中华人民共和国外交部. 驻马达加斯加大使郭晓梅出席塔那那利佛大学孔子学院 2020 届本科毕业典礼 [EB/OL]. （2020-12-21）[2021-09-21]. https://www.fmprc.gov.cn/web/gjhdq_676201/gj_676203/fz_677316/1206_678092/1206x2_678112/t1841582.shtml.

球孔子学院先进个人"及中国驻马达加斯加使馆颁发的"传播中华文化杰出贡献奖"。

（二）塔马塔夫大学孔子学院

塔马塔夫大学孔子学院成立于 2014 年 9 月 19 日，中方合作院校为宁波大学。2015 年 2 月 11 日，中方院长到任，孔子学院各项工作正式展开。截至 2018 年 5 月，孔子学院有教学点 13 个，公派教师 6 人，志愿者教师 30 人。除中、外方院长外，还有专职行政人员 3 人。该孔院拥有办公场地 365 平方米，办公室、教室等共计 7 间。

2017 年，塔马塔夫大学孔院开设各级汉语课程 308 个班次，注册学员 6 850 人；开展各类文化活动 30 次，参加人数 13 780 人；组织汉语水平考试（1—6 级）和汉语水平口语考试（初、中、高）考试各一次，参加人数 300 人；组织教育工作者来华团 1 个；获孔子学院奖学金 1 人。2017 年 12 月，汉语专业设立，首届学生共计 65 人。[1]

除汉语专业外，塔马塔夫大学孔子学院还设有成人汉语短期培训班等课程。成人短期培训班的培训时间比较短。一共开设 8 个星期的课，正常情况下每周 6 个课时，上课时间原则上是安排在每个星期一、星期三和星期五的下午 4 点到 6 点。成人汉语短期培训班的学习者多数为塔马塔夫大学的职工，他们在学校里担任着不同的岗位职责，在年龄、学习动机、教育背景等方面都不尽相同，包括财务人员、教学秘书、司机、保洁员和后勤人员等。由于学习者都是学校的工作人员，而学校的工作有时也会临时变动，所以每个星期的课时量具有不稳定性，需要根据学习者的工作时间做出相应的调整。比如学习者这周的工作如果与汉语学习的时间相冲突，他们会

---

[1] 浙江省孔子学院师资选拔培训中心. 马达加斯加塔马塔夫大学孔子学院 [EB/OL]. [2021-09-21]. http://ci.zjnu.edu.cn/2018/0125/c10124a235166/page.htm.

以工作为主，这周的汉语课则被取消或者推迟到下一周。[1]

自 2015 年 2 月启动运营至今，该孔院举行各种文化活动 106 场，参加人数达 48 706 人次。中央电视台国际频道、马达加斯加国家电视台国际频道、TV-PLUS 电视台、塔马塔夫电视台、《中非日报》《国民报》、塔马塔夫广播电台等中外媒体对该孔院活动进行多次报道。合作期间，中马双方负责人、教师和学生均进行了多次双边访问，成果斐然。

二、思考与展望

当前，孔子学院规模不断扩大，我们在为孔子学院蓬勃发展感到鼓舞的同时，更应着眼于孔子学院的长远发展。如何进一步提高办学水平、更好形成合力，需要从多方进行深入思考，具体可从如下几个方面着手。

首先，进一步夯实本土师资规模、提高师资质量。马达加斯加塔那那利佛大学孔院自 2008 年成立至今，目前共有 45 名左右的中马方汉语教师任教，传播中华文化。本土汉语教师数量较少，且多集中在首都塔那那利佛，他们中只有 33.87% 有过出国任教的经历，缺乏实地生活和教学经验也会制约学生学习的效率。[2] 中国汉语教师流动性较大，大部分教师在 3—5 年内都会选择返回祖国。

其次，更新学校教材。调查显示，马达加斯加汉语教学主要教材为《新实用汉语课本》《HSK 标准教程》这两种，口语课也仅限于《汉语口语速成》《发展汉语》和《汉语会话 301 句》这三本。教材选择有限，且出版时间较久，绝大部分的汉语学习者认为教材内容过于陈旧。缺乏合适的教

---

[1] 黄婷. 成人汉语短期培训教学研究——以马达加斯加塔马塔夫孔子学院为例 [D]. 南昌：江西师范大学，2016：7.

[2] 朱丽乐. 马达加斯加塔那那利佛大学孔子学院中华文化传播研究 [D]. 南昌：江西师范大学，2020：39.

材会严重影响课堂效率，增加教师备课难度并影响学生的学习兴趣。

再次，提高本土教师自主性。除了数量问题之外，本土汉语教师的主观能动性也有待加强，大部分中国文化交流活动均需要中方教师的组织与参与才能顺利进行，本土教师无法独立地组织类似文化活动。因此，要实现可持续的汉语教育和文化推广，中马双方应共同努力打造一支有能力、热爱中国文化、团结、积极的本土师资队伍。

最后，除了课堂以外，当地孔子学院以及汉语教师还应注重培养汉语学习者的自主学习能动性，增加其学习兴趣，帮助学生找到汉语学习内驱力，并通过调整教学方法、增加多媒体教学材料等途径提高学生课堂参与度。

中非合作论坛约翰内斯堡峰会上，中国国家主席习近平提出"十大合作计划"，在工业化、农业现代化、基础设施、金融、绿色发展、贸易和投资便利化、减贫惠民、公共卫生、人文、和平与安全等领域加强合作。[1] 随着马达加斯加政局的逐步稳定，国家正在往好的方向发展，急需加强工业化、农业现代化、基础设施等各方面的建设。这些均需要长期、稳定、有效的人才培养机制和就业岗位提供。中国的倡议与马达加斯加的发展需要完全吻合，中马的教育交流也将从根本上助力马达加斯加走向高质量发展。

---

[1] 外交部. 新时代的中非合作 [EB/OL]. (2021-11-26)[2022-10-16]. https://www.fmprc.gov.cn/web/wjb_673085/zfxxgk_674865/gknrlb/tywj/zcwj/202111/t20211126_10453869.shtml.

结　语

独立前的马达加斯加在教育领域并无自主权，而独立之初的马达加斯加教育沿袭了法国殖民者统治期间留下的教育体系设置。法国的影响还体现在教学语言、教学材料、教育证书认证体系等方面。独立后的马达加斯加逐步增加对教育的重视，将教育机会从精英阶层的特权逐渐转化为每个公民都能享有的权利，马达加斯加语的地位也缓慢提升。20 世纪 70 年代中期开始，马达加斯加开始强调民族教育的重要性。1990 年，马达加斯加出席了宗迪恩会议，并宣布开始实施《全民教育计划》，致力于普及小学教育。随后，马达加斯加政府推出了一些改革计划，包括《教育加速计划》、《马达加斯加行动计划》、《临时教育计划（2018—2022 年）》、《教育行业规划》等。

以上工作切实地取得了一定成绩，主要体现在学校数量增加、各教育阶段入学率提高、各教育阶段毕业率提高、教学内容优化以及教学管理体制系统化。近年来，马达加斯加领导人及其政府还开始大力推动马达加斯加本土文化及本土语言的发展。然而，马达加斯加的教育发展水平仍然处于较低阶段，人均受教育年限仍然很低，国家教育资源仍然远远无法满足日益增加的年轻人口的教育需求。马达加斯加教育事业的发展主要面临着三大挑战，分别来自人口、政局动荡和经济发展等因素。

第一，快速增加的青年人口是很多非洲国家共同面对的压力。在一个可以提供足够多高质量教育机会和工作岗位的社会中，高度年轻化的人口结构会转化成人口红利，进而推进经济的发展，而当国家无法为日益增多的年轻人口提供其需要的受教育机会和工作机会时，潜在的人口红利则会进一步稀释本就缺乏的教育资源并加深本就非常严重的失业和就业不足问题。马达加斯加的人口不仅非常年轻，国家人口中位数为 18 岁，人口增速还非常快，平均增速长期保持在 3% 以上。如果缺乏足够的教育机会和教学场所，这部分日益庞大的待受教育群体则有可能成为社会不稳定因素，无法实现个人的增长，更无法为国家做出应有的贡献。

第二，政局动荡是严重影响教育政策有效性的重要因素。一方面，政局的动荡导致马达加斯加经济发展陷入停滞状态甚至倒退。与此同时，腐败现象也日益加剧，加剧了人民对政府的不满，也削减了教育领域可获得的资源与投入。政局的动荡还会使社会秩序陷入混乱，人民生活更加贫困。马达加斯加 2009 年的政局动荡导致了 20 万岗位的消失，父母收入减少，无法支付儿童学费，进而导致入学率的降低。动荡的环境也极大地打击了国际机构援助马达加斯加教育事业的意愿及信心。这种环境易对失学青少年造成严重的负面影响。另一方面，不稳定的国内环境也会导致教育政策及改革无法落实。同样以 2009 年政局动荡为例，2008 年马达加斯加教育法中计划实施的改革完全无法落实。缺乏连续性的教育政策和教育改革计划会极大地损害教育政策的效率。

第三，经济发展是教育事业发展的基本保证。独立六十多年以来，马达加斯加国民经济仍然主要依靠农业，工业基础极为薄弱。作为世界上最不发达的国家之一，马达加斯加的经济结构单一，基础设施非常落后，并且生产效率非常低下。极低的国内生产总值导致一方面国民政府没有足够的财政预算可以拨付给教育部门以发展教育，另一方面教育也会给家庭带来极大的经济负担：当父母还需要为第二天的食宿烦忧时，儿童的教育质量并不是他们关注的优先事项。

面临如上挑战，政府在教育领域进行了大量工作和多种尝试，力图在全球化的今天为本国青年提供更为充足和高效的学习环境，尤其以家长委员会聘用教师、教育信息化和大力发展国际教育合作为特点。

第一，家长委员会聘用教师是马达加斯加人对教育热切需求的产物。由于马达加斯加师资严重缺乏，为了满足儿童受教育的需求，家长们以家长委员会的名义聘用具备一定教育背景的教师并向其提供回馈。虽然该类教师通常情况下受教育水平并不高，也没有接受过师范类专业培训，更无法保证教育质量，但是他们的存在对马达加斯加很多地区的教育困境起到了很大的缓解作用，保证了大量儿童有学可上。该类教师通常薪酬水平很低，有时甚至没有工资。近年来，马达加斯加政府正逐渐开始正视家长委员会聘用教师的存在和重要性，在加强培训的同时，给予该类教师一定的经济支持，以弥补家长由于贫困无法缴纳学费导致的教师无收入状况。

第二，教育信息化在一定程度上弥补了马达加斯加教育资源短缺的弊端。马达加斯加整体基础设施建设非常薄弱，大部分地区都没有公路，教学机构中也经常缺少必备的桌椅、白板、教材等教学必备资源。对此，马达加斯加政府一方面大力打造马达加斯加数字大学，另一方面在已有教学机构中开发数字化教学内容，如数字图书馆和远程课程等。信息化的应对方式可在一定程度上缓解马达加斯加教学机构硬件设施无法满足师生需求的状况。

第三，由于马达加斯加缺少教育资金，国际机构和外国政府的援助是马达加斯加教育领域中重要的资金来源。国内各教育阶段中均可以看到各大国际机构和多个国家的身影。学前教育阶段中很多托儿所、幼儿园均是由国际组织设立的，基础教育阶段也有一些非营利组织创办的学校，职业技术教育领域和高等教育阶段更是可见多个国际合作项目。

作为"一带一路"倡议和"人类命运共同体"的发起者，中国在马达加斯加教育发展领域已进行了大量工作并投入了可观的人力和物力。孔子学院、孔子课堂、医疗队培训等各类教育合作以及中国驻马大使馆举办的大量文化类活动都对马达加斯加的教育事业以及中马教育领域的合作做出了很大贡献。但对马达加斯加而言，中国尚不是马达加斯加教育领域的主要合作伙伴，法国及周边国家仍占主要地位。如何进一步拓展中马教育合作的规模及深度对共建"一带一路"教育行动具有重要意义。

马达加斯加是一个既拥有悠久历史也充满着活力与希望的国家。马达加斯加教育政策的主要目标是培养促进国家社会发展的人力资源，以便将人口压力转化为人口红利。在现在及未来，中马教育交流与合作有很大的发展空间，应进一步拓展发展方式，纳入多元主体，以探索更多可能性。

附　录

马达加斯加教育法[1]

2008–011 号法令对 2004 年 7 月 26 日第 2004–004 号法令中的部分条款进行了修正。修正内容包含马达加斯加教育、教学、培训系统的发展总方针。

修正原因陈述

马达加斯加的正规经济增长越来越依赖受过更高教育的有用人才。学历较低的人口无法带来更高的投资额。2001 年时，马达加斯加是成人学历非常低的国家，成人人均受教育年限仅为 4.4 年。然而与此同时，成人人均受教育年限超过 6 年的国家明显地获得了更高的投资总额。

因此，延长受教育时间非常有必要，尽管学习概况和学习目标还有待确立，法律已经规定了九年制的义务教育。中学教育的费用非常高，几乎是上小学费用的 3 倍，而上高中的费用是上小学费用的 6 倍。此外，由于最贫穷的孩子们几乎没有机会上初中，现行的教育制度还会进一步扩大贫富差距。

针对这种情况，按照新的马达加斯加教育法规定，国民教育部提出延

---

[1] République de Madagascar. Loi N. 2008-011[R]. 2021.

长小学学制作为落实九年制义务教育的替代办法。还有一点非常重要，即
每个国家小学和中学的教育水平不同。不同的国家根据义务教育的时间长
短和课程目标来确定其教育制度的结构，而马达加斯加是少数几个实行五
年制小学教育的国家。

国民议会和参议院在 2008 年 6 月 19 日和 2008 年 6 月 20 日的会议上通
过了以下法律。

第一编　总则

第一条　教育是国家的首要大事，儿童年满六周岁就须接受义务教育。

第二条　马达加斯加共和国依照宪法中所规定的经济、社会和文化的
权利和义务，以及国际事务中马达加斯加人的声音，承认每个人——儿童、
青少年和成人——都应拥有接受教育和培训的权利。

第三条　国家承诺设立教育、教学和培训制度，确保每个人在德、智、
体、美和公民生活方面都能够充分成长，重视国家特有的一些文化价值观，
如生命、人文精神和团结精神等。

第四条　马达加斯加的教育、教学和培训必须为个人积极融入国家社
会、经济和文化发展做好准备。为实现这一目标，尤其要求教育、教学和
培训要能够提高个人和基层社区的积极主动性；增强创造力；养成努力的
习惯；培养企业家精神和竞争精神，要关注效率，要有沟通的意识，要追
求卓越的成果；塑造出受到足够教育、有能力保证合理开发潜在自然资源
的公民，为了使我们的国家跻身发达国家之列，也为了让这个国家的传奇
智慧永存不朽。

第五条　国家保障每一个人受教育和接受职业培训的权利都得到尊重。

第六条　负责教育、教学和培训的部长通过绩效合同来确定和执行政府委员会通过的国家教育、教学和培训政策。负责教育、教学和培训的各部委与其他部委之间的关系模式需要以法规形式规定。

第七条　在各部委之间以及与合作伙伴和用户进行常规协商之后，为满足经济和社会需要，负责教育、教学和培训的部长应确定战略和手段，确保在相关方面对资格进行监管并颁发文凭且对同等学力进行证明。

第八条　如果任何自然人或法人继续从事相关活动会对委托其教学或培训的儿童、青少年或成年人的健康和身体或道德安全构成危险，负责教育、教学和培训的部长在收到政府提出的合理意见后，可下达命令，禁止其从事相关活动。保障相关人员在有管辖权的法院的辩护权。

第九条　地方政府掌管法律规定的教育事务。在与地方政府所在地区的教育、教学和培训系统的参与者和合作伙伴进行常规协商之后，地方政府通过绩效合同来制定和执行一项完全符合国家教育、教学和培训政策的发展战略。负责教育、教学和培训的部委之间的关系模式应在法规中得到明确。

第十条　负责教育、教学和培训的部委的下属行政部门的负责各自管辖范围内教育、教学和培训活动的顺利开展，向其提供支持并对其工作进行监督。

第十一条　国家在其教育和培训政策的执行上采用公私合作模式。国家充分认可关心教育、教学和培训系统的推广和发展的公共和私营机构以及相关协会的合作伙伴身份，尤其是家庭、家庭组织和社区组织，私立教育机构，非政府组织和其他志愿者组织以及科研机构和经济实体。负责教育、教学和培训的部委与各合作伙伴之间的关系模式应在法规中得到明确。

第十二条　在教育、教学、职业培训领域中所有得到批准的私营合作伙伴都参与协助负责教育、教学和培训的部委的工作。在已签订协议及后续的绩效合同的前提下，所有经批准的私营合作伙伴展开工作，根据国家教育政策执行具体任务。授予或撤销授权的条件由相关法规规定。

第十三条　学校和教育培训机构应履行教育、培训和资格认证职能。

第十四条　学校和教育培训机构应与家庭教育和社会教育结合，重视向儿童、青少年和年轻群体反复教导责任感、主动性、良好的道德规范和行为准则。此外，儿童、青少年和青年人们还被要求树立良好的公民意识和公民价值观，并从生理、心理、情感、精神和道德等各个维度发展个人的人格，做好自身建设，让思维更敏锐，使意志更坚定。

第十五条　学校和教育培训机构依法履行教育职责，确保学习者有高素质，教育教学有高质量，使他们不仅学会文化常识和理论实践知识，还能自主发挥学习才能和才干，使自身融入学习型、技能型社会。学校、教育和培训机构的主要任务是使学习者能够掌握马达加斯加语的同时至少掌握两种外语。学习机构还应致力于提升不同形式的、感性的、实用的和抽象的理解能力；发展学生的沟通能力和用不同形式来表达的能力，包括言语表达、艺术表达、象征性表达和肢体语言表达；确保学习者掌握信息和通信技术，并有能力在各个领域使用这些技术；使学习者做好准备面对未来，使其能够适应变化，并坚定积极地做出贡献。

第十六条　学校和教育培训机构在依法履行其资格认证职责时，应根据年龄和学习阶段不同来提升学习者的能力和技术。职业培训和高等教育机构负责巩固这些能力。为此，学校和教育培训机构和高等教育机构应当在其履行资格认证的职责范围内，使学习者能够利用学到的知识和本领来寻求他们可能面临的问题的解决办法或替代方法，学习者还同时需要适应变化、主动采取行动、进行创新、团队协作以及终身学习。

第十七条　学生 / 学习者是教育和培训活动的中心。

第十八条　学生 / 学习者有权获得一切关于学校和大学指导的多样且全面的信息，使其能够在了解情况的基础上充满信念地选择学术和职业道路。

第十九条　教育和培训人员在履行职业义务时，应遵守公平公正原则，对学生一视同仁，给予学生均等的机会。教育和培训人员与学生交往时应首先尊重儿童与年轻人的人格及其权利并对其不偏不倚、诚实客观。

第二十条　学生 / 学习者有义务尊重教师 / 培训者、所有教育行业从业者和教育培训机构。

第二十一条　学校生活、培训生活和大学生活的组织由负责教育、教学和培训的部长以法令形式规定。

第二编　教育、教学和培训系统的组织

第二十二条　国家的任务是为所有马达加斯加人提供优质的教育。教育、教学和培训部门包括非正式教育和培训以及正式教育和培训。

第二十三条　构建马达加斯加教育、教学和培训系统组织的基础取决于以下几个方面：是内部和外部的双重协调，统一性和多样性并存的原则，对连续性、互补性、相互依存性和协同合作的保证，以及对稳步进展与成效的关注。

第二十四条　宗旨和最终目标是决定各类教育、教学和培训的标准和类型。

第二十五条 非正式教育包括正式教育系统之外的所有教育和培训活动。其目的是为所有没有从正式教育系统的机构中受益的人提供学习和培训机会。非正式教育应帮助各年龄段的学习者都获得有用知识，学得专业技能，学到文化常识和接受公民教育，以使其个性在被尊重的前提下得到充分发展。非正式教育应帮助所有公民能够融入社会，向他们提供促进社会发展必需的社会文化工具，并助力他们顺利地参与其他各种类型的社会活动。非正式教育从家庭教育开始，在基层社区继续，并在地方政府进行。

第二十六条 非正式教育是整个教育系统不可缺少的一部分，由负责教育和培训活动的部委管理。

第二十七条 非正式教育包括幼儿学校、功能性扫盲活动以及公民素质和公民意识教育。

第二十八条 幼儿学校包括照顾0—2岁婴幼儿的托儿所、照看2—3岁儿童的幼儿园以及为3—5岁儿童提供教育的学前班。

第二十九条 托儿所减轻父母们的育儿负担，使他们能够满怀信心地履行家庭和工作义务。托儿所通过喂养婴幼儿，同时为婴幼儿提供玩耍与社交的机会以及卫生和保健服务来实现保护婴幼儿安全的目标。

第三十条 幼儿园的任务是通过针对孩子设计的感知与运动技能活动、交流活动、口语表达、歌曲、绘画和朗诵来对儿童进行启蒙教育并使其社会化。

第三十一条 学前班是进行启蒙教育的学校，旨在通过运动、交流活动、口头和书面表达活动、科学和技术活动，使孩童能够为社会化和未来接受正式教育做准备。

第三十二条 非正式教育和培训的总体制度以及该部门所有教育和培

训活动的组织都由法令规定。

第三十三条 功能性扫盲的目的在于推动人们使用通过阅读、写作和计算的方式获得知识，从而为日常生活、家庭生活和社区生活服务。

第三十四条 社会合作伙伴——非政府组织、宗教组织和其他协会与教育培训部门和地方政府密切合作，共同实施功能性扫盲方案。

第三十五条 任何实用扫盲项目都应该配备扫盲项目结束后的跟踪调研，使人们更好地内化和巩固知识。该类培训应助力于在基础行业培训中创造文化氛围。

第三十六条 公民素质和公民意识教育包括公民爱国主义教育、家庭和社区生活教育、发展与环境教育、卫生教育与家庭和村民保健教育，尤其是防治艾滋病毒／艾滋病教育。

第三十七条 公民素质和公民意识教育的目标是向所有公民提供信息、培训和指导，使他们了解自己作为家庭、村庄或街区、地区与国家的成员所拥有的权利和义务；培养对人权与自由、民主实践和民族自豪感的认识与尊重；教育公民保护和拓展环境和国家遗产，包括物质和非物质文化遗产；发展完善公民的技能和能力，使他们成为有礼貌、诚实、见多识广、有责任感的积极公民。公民素质和公民意识教育面向全年龄段的公民，其工作由国家大众教育和公民意识教育办公室负责。本条的执行将由法令规定。

第三十八条 正式教育包括义务教育、高中教育、职业技术培训以及高等教育和大学培训。

第三十九条 义务教育面向年满六岁的儿童。

第四十条 义务教育的任务是教育儿童和青少年，传授给他们在中等教育、职业与技术培训或工作生活中必要的理论与实践入门知识。

第四十一条　义务教育分为两个阶段。第一阶段七年和第二阶段三年。

第四十二条　为期十年的义务教育的具体目标为培养认知、感知运动、社会情感领域的能力；了解公民素质和公民意识的价值观；掌握不同时期和地方的基础技术技能；培养学生的实用生活技能，包括使用本国语言进行阅读的能力、口头和书面交流的能力以及掌握两种外语；获得数学、科学、技术、人文科学、艺术和专业中所需的知识和技能，以便他们能够继续课程学习，接受职业培训或参加工作。

第四十三条　义务教育第一阶段结束后颁发学业证书。第二阶段结束后颁发结业证书。

第四十四条　义务教育的组织、课程的分配设置及教学方法的选择、所有教育活动的监督和评估以及学校日程等都由法规规定。

第四十五条　高中教育面向完成了义务教育两个阶段的学生。

第四十六条　高中教育为期两年，旨在向学生提供坚实的文化知识和深入的培训，使他们有机会继续接受大学教育、接受职业培训或加入劳动力市场开始工作。

第四十七条　高中毕业会考是中等教育的毕业考试，考试通过后获得的高中毕业会考证书可使学生继续接受高等教育。学生的出勤率由相关证明书证明出勤率情况。高中教育的总体制度、教育活动组织以及高中毕业会考的评估都以由法规规定。

第四十八条　职业技术培训的任务是根据经济的实际需要和不断变化的需求培训人才，以助力家庭、地区和国家的社会文化和经济发展。职业技术培训的组织和规划取决于市场经济、合作伙伴、自主性、一致性以及职业技术培训的质量。

第四十九条　职业技术培训使每个人，不论年龄，都能够通过参加基础行业培训，提升其社会地位，并能够接触到不同程度的职业文化和技能水平；在初始培训的职业教育中习得与职业有关的基本技术、工艺和特定技能，以进入劳动力市场或继续接受与现行法律法规规定的任何职业类别相符的职业培训；进修并适应工作环境中技术、工艺、特定技能和工作条件的发展和变化，以便通过继续培训进行转业或完成就业前培训。

第五十条　职业技术培训分部门应在三个方面建立恰当的组织架构，包括关于发展职业技术培训的所有战略和政策的咨询和协商，根据预计的社会和经济需求制定、更新和评估课程，并完善学业、职业指导以及培训后的指导。

第五十一条　公共和私营职业技术培训中心、机构、研究所和机构集团的结构、任务、权力以及考试和竞赛的招聘、一般制度和组织，应由条例确定。职业技术培训中心和机构学生的出勤情况由相关证明书证明。职业技术培训中心和机构颁发证书的等同效力由法规规定。

第五十二条　为了实现快速和可持续发展，国家必须依靠现代化的高等教育，这种教育需要得到出色的研究支撑。

第五十三条　建立相关组织结构是为了尽早发展国家的各个领域，明确国家对人力资源的需求，确定相关培训和研究并确保教师和研究人员的更替。这些工作均需要通过法规的明确规定。

第五十四条　高等教育和研究机构与私营经营者之间应保持合作，以满足劳动市场和经济的需要。

第五十五条　为了提高高等教育机构的内外部效率，应建立一个能使它们支配自身资源的制度，鼓励受益人参与资助高等教育和科学研究。公立和私立高等教育中心、机构、研究所和集团的结构、任务和职权以法规形式规定。

第三编　私营教育机构

第五十六条　经主管教育、教学和培训的当局批准，自然人和法人可创办私营教育教学机构并进行经营活动。授予有关许可证的条件以法规形式规定。除了得到主管的部长发放的特别许可外，私营教育机构的所有人和实际负责人应为马达加斯加公民。私营教育机构的校长必须是教学人员或教学管理人员。此外，马达加斯加政府还要求私营教育机构的所有人和实际负责人都不能有因为刑事犯罪而被法院定罪的记录。

第五十七条　私立教育机构必须招聘一定比例的全职教员。考虑到拥有核心工作人员的必要性，这些教师的比例由负责教育的部委来规定。曾因刑事犯罪或故意侵犯人身或财产安全而被法院定罪的人，不得被私营教学机构雇佣为员工或教员。

第五十八条　私营教育机构有义务使用公立教育机构中使用的通用官方教学大纲。得到了负责教育的部委允许后方可设立具有特有教学课程和体制的私营教育机构。

第五十九条　私营教育机构的学生可进入公立教育机构就读，并有权根据现行规则参加国家考试及竞赛。

第六十条　为核实现行的有关法律、法令、决定的实施情况，私立教育机构应接受有关部门教学监督、行政检查以及卫生服务检验。

第六十一条　如果教育机构未能履行本部分规定的任何一项义务，或未能遵守道德、卫生和安全准则，经过听证后，将撤销私营教育机构所有人本法第五十六条所述许可，且本法不影响现行法律所规定的处罚。

第六十二条　在本法第六十一条中许可被撤销的情况下，如果是出于儿童或学生的利益需要，监护机关可要求有属地管辖权的临时救济法官根据监护机关的建议，在教育工作人员中选择一名管理人来管理机构，期限不超过一年。

未经负责相关方面的部长同意，不得全部或部分、暂时或永久地关闭某一机构。

第四编　教育、教学和培训系统的工作人员

第六十三条　教育工作人员包括教师、培训员、督学、规划人员、管理人员、中小学、大学和培训指导顾问、教育和培训顾问、监督员以及行政和技术人员。

第六十四条　所有教育工作人员在整个职业生涯中必须持续接受培训，这是教学方法、手段和内容的发展、学生和学校的利益以及职业发展所要求的。

第六十五条　教育工作者在与家长互补合作的同时，也要承担学校和教育机构在履行必要使命时所分配的工作。

第五编　评估、研究和监督

第六十六条　考虑到公共利益，在教育和培训行业飞速且可持续发展的背景下，评估机构、监督机构、咨询机构和规划机构对国家来说，是教育培训系统有效性、营利性以及对现行法律规定的根本性原则的保障。教育系统的所有部门都要接受定期的评估。这些评估的目的是客观地衡量学校系统和机构系统，包括工作人员的表现以及学生的成绩，以便采取必要的纠正和调整措施来实现既定目标。

第六十七条　教育研究是提高教学质量、学校成果和达到教育界国际标准的有力工具。

第六十八条　教育研究应涵盖教育学、教学方法、教学手段、教学实践、学校生活、课程、评估以及教育教学比较研究等领域。

第六十九条　教育研究应在专门机构内组织，与研究中心和学术机构合作。

第七十条　在国家反腐背景下，考虑到善政原则和可持续快速发展所要求的公正透明性，事实证明监督职能是国家事务管理中的首要大事。负责教育和培训的部委也要遵循这些原则。应严格管理其工作人员，监督评估其分配到的拨款、拥有的物力、学习者学习效果和培训的成效。

第七十一条　所有负责教育培训机构的主管当局和主管人员管理评估负责教育培训部委的各个部门。中央部门和权力下放部门也必须进行管理评估。

第七十二条　除非由负责的部长直接下令，监督—检查和管理评价都是内部的。

第七十三条　监察机构应被列入教育培训部的组织结构，中央和地方各级都应该设立相应级别的监察机构。其任务是确保国家教育培训政策的顺利执行，监督检查教育和培训人员以及附属或受其监管的机构的工作，独立于外部审计。

第七十四条　对每一名公职人员的业绩进行评估，一方面参照有关的专业标准，另一方面参照其工作单位的质量、效率和成果指标。标准和指标通过法规形式向所有人公开。除了管理评估，监督—检查由相关领域的专家提供保证。

第七十五条　执行本指导法规定的监督—检查工作需要有足够的人力、财力和物力资源。

第六编　其他事项和过渡性条款

第七十六条　教育和培训系统的结构调整自本法颁布之日起生效。

第七十七条　本法规定的执行办法以法规形式规定。

第七十八条　任何与本法相悖的规定，将被永久废除。

参考文献

一、中文文献

爱月微笑. 马达加斯加岛 [M]. 杭州：浙江大学出版社，2012.

本书编写组. 习近平总书记教育重要论述讲义 [M]. 北京：高等教育出版社，2020.

布莱特. 马达加斯加 [M]. 北京：中央编译出版社，2010.

陈逢华，靳乔. 阿尔巴尼亚文化教育研究 [M]. 北京：外语教学与研究出版社，2021.

范文澜，蔡美彪. 中国通史 [M]. 北京：人民出版社，2008.

冯增俊，陈时见，项贤明. 当代比较教育学 [M]. 2 版. 北京：人民教育出版社，2015.

顾明远. 顾明远教育演讲录 [M]. 北京：人民教育出版社，2014.

国家信息中心"一带一路"大数据中心. "一带一路"大数据报告（2017）[M]. 北京：商务印书馆，2017.

贺国庆，朱文富，等. 外国职业教育通史 [M]. 北京：人民教育出版社，2014.

黄雅婷．塔吉克斯坦文化教育研究 [M]．北京：外语教学与研究出版社，2021．

教育部课题组．深入学习习近平关于教育的重要论述 [M]．北京：人民出版社，2019．

李安强．世界地图集 [M]．2020 年修订．北京：中国地图出版社．2013．

李洪峰，崔璨．塞内加尔文化教育研究 [M]．北京：外语教学与研究出版社，2021．

刘辰，孟炳君．阿联酋文化教育研究 [M]．北京：外语教学与研究出版社，2021．

刘迪南，黄莹．蒙古国文化教育研究 [M]．北京：外语教学与研究出版社，2021．

刘捷．教育的追问与求索 [M]．北京：人民出版社，2021．

刘捷．专业化：挑战 21 世纪的教师 [M]．北京：教育科学出版社，2002．

刘进，张志强，孔繁盛．"一带一路" 高等教育研究（2019）：国际化展望 [M]．北京：北京理工大学出版社，2020．

刘生全．教育成层研究 [M]．北京：教育科学出版社，2011．

刘欣路，董琦．约旦文化教育研究 [M]．北京：外语教学与研究出版社，2021．

卢晓中．比较教育学 [M]．北京：人民教育出版社，2020．

陆有铨．教育的哲思与审视 [M]．北京：人民教育出版社，2016．

秦惠民，王名扬．高等教育与家庭流动 [M]．北京：科学出版社，2019．

秦惠民．教育法治与大学治理 [M]．北京：人民出版社，2021．

任钟印．东西方教育的覃思 [M]．北京：人民教育出版社，2017．

石筠弢．学前教育课程论 [M]．2 版．北京：北京师范大学出版社，2014．

孙有中．跨文化研究论丛 [M]．北京：外语教学与研究出版社，2019．

滕大春. 教育史研究与教育规律探索 [M]. 北京：人民教育出版社，2019.

王承绪，顾明远. 比较教育 [M]. 5 版. 北京：人民教育出版社，2015.

王定华，秦惠民. 北外教育评论：第 2 辑 [M]. 北京：外语教学与研究出版社，2021.

王定华，杨丹. 人类命运的回响——中国共产党外语教育 100 年 [M]. 北京：外语教学与研究出版社，2021.

王定华. 教育路上行与思 [M]. 北京：人民出版社，2020.

王定华. 美国高等教育：观察与研究 [M]. 2 版. 北京：人民教育出版社，2021.

王定华. 美国基础教育：观察与研究 [M]. 2 版. 北京：人民教育出版社，2021.

王定华. 新时代高品质学校建设方略 [M]. 长春：东北师范大学出版社，2019.

王定华. 中国基础教育：观察与研究 [M]. 北京：人民教育出版社，2021.

王定华. 中国教师教育：观察与研究 [M]. 北京：人民教育出版社，2020.

王吉会，车迪. 刚果（布）文化教育研究 [M]. 北京：外语教学与研究出版社，2021.

王建. 马达加斯加 [M]. 北京：社会科学文献出版社，2011.

王晶，刘冰洁. 摩洛哥文化教育研究 [M]. 北京：外语教学与研究出版社，2021.

王名扬. 美国公立研究型大学内部质量改进的实证研究 [M]. 北京：中国社会科学出版社，2020.

王天有，万明. 郑和研究百年论文选 [M]. 北京：大学出版社. 2004.

吴式颖，李明德. 外国教育史教程 [M]. 3 版. 北京：人民教育出版社，2015.

习近平. 论坚持推动构建人类命运共同体 [M]. 北京：中央文献出版社，2018.

习近平. 习近平谈"一带一路"[M]. 北京：中央文献出版社，2018.

谢维和. 我的教育觉悟 [M]. 北京：人民教育出版社，2016.

杨汉清. 比较教育学 [M]. 3 版. 北京：人民教育出版社，2015.

杨鲁新，王乐凡. 北马其顿文化教育研究 [M]. 北京：外语教学与研究出版社，2021.

苑大勇. 国际高等教育协同创新与人才培养比较研究 [M]. 北京：知识产权出版社，2020.

张方方，李丛. 安哥拉文化教育研究 [M]. 北京：外语教学与研究出版社，2021.

张弘，陈春侠. 乌克兰文化教育研究 [M]. 北京：外语教学与研究出版社，2021.

郑通涛，方环海，陈荣岚. "一带一路"视角下的教育发展研究 [M]. 广州：世界图书出版广东有限公司，2017.

钟鸣. 世界民族经济与文化产业研究：以马达加斯加为例 [M]. 北京：中国经济出版社，2020.

钟维兴. 马达加斯加影像日记 [M]. 北京：中国摄影出版社，2011.

朱睿智，杨傲然. 莫桑比克文化教育研究 [M]. 北京：外语教学与研究出版社，2021.

二、外文文献

ANDRIANANTENAINA L J R. L'éducation pour le développement durable cas de Madagascar[M]. France: Éditions Universitaires Européennes, 2017.

TOLOJANAHARY M. Le droit à l'education en milieu rural à Madagascar: Analyse des actions de l'ONG PROYDE dans le cadre du projet d'appui à l'éducation des enfants en milieu rural[M]. France: Éditions Universitaires Européennes, 2016.